mapeamento
de processos:
conceitos,
técnicas
e ferramentas

EDITORA intersaberes

O selo DIALÓGICA da Editora InterSaberes faz referência às publicações que privilegiam uma linguagem na qual o autor dialoga com o leitor por meio de recursos textuais e visuais, o que torna o conteúdo muito mais dinâmico. São livros que criam um ambiente de interação com o leitor – seu universo cultural, social e de elaboração de conhecimentos –, possibilitando um real processo de interlocução para que a comunicação se efetive.

Egon Walter Wildauer

mapeamento de processos, conceitos, técnicas e ferramentas

Laila Del Bem Seleme Wildauer

EDITORA intersaberes

Rua Clara Vendramin, 58 . Mossunguê
CEP 81200-170 . Curitiba . PR . Brasil
Fone: (41) 2106-4170
www.intersaberes.com
editora@editoraintersaberes.com.br

Conselho editorial
Dr. Ivo José Both (presidente)
Dr.ª Elena Godoy
Dr. Nelson Luís Dias
Dr. Neri dos Santos
Dr. Ulf Gregor Baranow

Editora-chefe
Lindsay Azambuja

Supervisora editorial
Ariadne Nunes Wenger

Analista editorial
Ariel Martins

Preparação de originais
BELAPROSA

Capa
Gabriel Czap

Projeto gráfico original
Bruno Palma e Silva

Adaptação do projeto gráfico
Sílvio Gabriel Spannenberg

Iconografia
Vanessa Plugiti Pereira

Dados Internacionais de Catalogação na Publicação (CIP)
(Câmara Brasileira do Livro, SP, Brasil)

Wildauer, Egon Walter
    Mapeamento de processos: conceitos, técnicas e ferramentas/Egon Walter Wildauer, Laila Del Bem Seleme Wildauer. Curitiba: InterSaberes, 2015. (Série Administração da Produção).

    Bibliografia.
    ISBN 978-85-443-0304-7

    1. Administração da produção 2. Administração – Processo 3. Controle de processos 4. Controle de produção I. Wildauer, Laila Del Bem Seleme. II. Título. III. Série.

15-09356   CDD-658.4

Índices para catálogo sistemático:
1. Processos de produção: Administração de empresas   658.4

Foi feito depósito legal.
1ª edição, 2015.

Informamos que é de inteira responsabilidade dos autores a emissão de conceitos.
Nenhuma parte desta publicação poderá ser reproduzida por qualquer meio ou forma sem a prévia autorização da Editora InterSaberes.
A violação dos direitos autorais é crime estabelecido na Lei n. 9.610/1998 e punido pelo art. 184 do Código Penal.

sumário

apresentação   9
como aproveitar ao máximo este livro   11

capítulo 1
Mapeamento de processos: conhecimentos iniciais   17
     Produto   18
     Processo   21
     Produção   29
     Modelos de produção   32
     Conhecimento como fator de produção   35
     Produtividade e indicadores   36
     Modelagem de processos de negócio   45
     Competitividade   48
     Mapeamento   52
     Melhoria de processos   55

capítulo 2
Mapeamento de processos   63
     Incumbências do gestor no gerenciamento de processos   63
     Técnicas para mapear processos   66

capítulo 3
Conceito de valor na percepção do cliente 121
Requisitos agregadores de valor 122
Abordagens conceituais sobre valor 124
Valor na perspectiva do cliente 126

capítulo 4
Princípios da produção enxuta 137
Origens e princípios da produção enxuta 137
Ênfases e métodos de funcionamento 139
Práticas da produção enxuta 144
Softwares para auxiliar o mapeamento de processos 152

estudo de caso 159
para concluir... 163
referências 165
respostas 171
sobre os autores 185

Para Ayesha, com e por amor.

apresentação

Nesta obra, serão apresentados os principais conceitos de um tema importante no mundo corporativo: o **mapeamento de processos**. Trata-se de definições que objetivam ampliar o entendimento do leitor no sentido de aplicar, de forma assertiva e simples, as ferramentas e técnicas mais importantes no âmbito organizacional. É uma obra destinada a quem se interessa por processos e pela melhoria deles, assim como aos que desejam aprender mais sobre como o mapeamento de processos vem sendo utilizado no mundo empresarial (seja como ferramenta de aplicação de melhorias em suas atividades, seja na busca de aperfeiçoamento da maneira de executar o trabalho); na economia de aplicação de recursos sobre processos; na rapidez de execução de atividades; ou na alocação de pessoas e equipamentos em ações conjuntas de melhoria no desempenho das empresas.

Dividida em quatro capítulos, a obra inicialmente apresenta conceitos relativos às diferentes técnicas de mapeamento e, em seguida, mostra a maneira pela qual elas podem ser utilizadas e aplicadas nas empresas. Assim, são retratadas no Capítulo 1 as definições de produto e seu ciclo de vida, processos e o modo como se classificam, culminando com a produção e seus tipos, permitindo a você, leitor, o entendimento e a compreensão dos elementos que norteiam a necessidade de mapear processos em função do produto (seja um bem, seja um serviço) e dos procedimentos de fabricação. Em seguida, são tratados os conceitos de *produtividade* e de *mapeamento*. A finalidade desse capítulo inicial é contextualizar a necessidade de se conhecer as técnicas de mapeamento de processos para incrementar o potencial produtivo da empresa.

Após a introdução dos conceitos fundamentais que norteiam o mapeamento de processos, no Capítulo 2 são detalhadas cada uma das principais técnicas utilizadas pelas empresas na melhoria de seus processos, na sua forma de trabalhar e de produzir, como o diagrama de blocos, o fluxograma, o *brainstorming*, o *brainwriting*, o *blueprinting* e o *Six Sigma*.

No Capítulo 3, você encontrará os conceitos de *valor* e poderá identificar características que agregam valor aos produtos de forma que o cliente o perceba, culminando com entendimento do conceito de cadeia de valor e como este se caracteriza. O material destaca também a importância de entender o princípio da produção enxuta e como ela implica a melhoria de processos produtivos, mediante mapeamento de suas atividades.

O Capítulo 4 dedica especial atenção aos elementos que caracterizam a produção enxuta, tratando assim do sistema Toyota de produção (e suas principais técnicas, como *takt time* e *kanban*). Ele demonstra também a importância de se estudarem métodos matemáticos e estatísticos para monitorar e permitir um mapeamento correto de processos visando à produção de produtos (bens e/ou serviços). Ainda nesse capítulo, você poderá conhecer um *software*, de domínio público, que o auxiliará no processo de mapeamento de processos e apresentação deles de forma rápida, visual e ilustrativa dos fluxos operacionais.

O livro traz ainda um estudo de caso que proporcionará uma reflexão de como o mapeamento de processos é assunto importante, agregador de valor para os processos empresariais, além de ser um conjunto de métodos que permitem aumentar o potencial competitivo e produtivo das organizações.

Boa leitura e bons estudos!

como aproveitar ao máximo este livro

Este livro traz alguns recursos que visam enriquecer o seu aprendizado, facilitar a compreensão dos conteúdos e tornar a leitura mais dinâmica. São ferramentas projetadas de acordo com a natureza dos temas que vamos examinar. Veja a seguir como esses recursos se encontram distribuídos no decorrer desta obra.

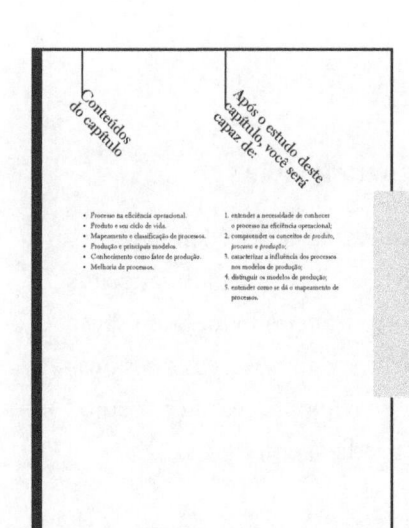

Conteúdos do capítulo

Logo na abertura do capítulo, você fica conhecendo os conteúdos que nele serão abordados.

Após o estudo deste capítulo, você será capaz de:

Você também é informado a respeito das competências que irá desenvolver e dos conhecimentos que irá adquirir com o estudo do capítulo.

Síntese

Você dispõe, ao final do capítulo, de uma síntese que traz os principais conceitos nele abordados.

Questões para revisão

Com estas atividades, você tem a possibilidade de rever os principais conceitos analisados. Ao final do livro, os autores disponibilizam as respostas às questões, a fim de que você possa verificar como está sua aprendizagem.

Questões para reflexão

Nesta seção, a proposta é levá-lo a refletir criticamente sobre alguns assuntos e trocar ideias e experiências com seus pares.

Para saber mais

Você pode consultar as obras indicadas nesta seção para aprofundar sua aprendizagem.

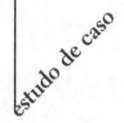

Estudo de caso

Esta seção traz ao seu conhecimento situações que vão aproximar os conteúdos estudados de sua prática profissional.

capítulo 1

Conteúdos do capítulo

- Processo na eficiência operacional.
- Produto e seu ciclo de vida.
- Mapeamento e classificação de processos.
- Produção e principais modelos.
- Conhecimento como fator de produção.
- Melhoria de processos.

Após o estudo deste capítulo, você será capaz de:

1. entender a necessidade de conhecer o processo na eficiência operacional;
2. compreender os conceitos de *produto*, *processo* e *produção*;
3. caracterizar a influência dos processos nos modelos de produção;
4. distinguir os modelos de produção;
5. entender como se dá o mapeamento de processos.

Mapeamento de processos: conhecimentos iniciais

O tema central deste livro é o mapeamento de processos. Nesse sentido, é importante definir o que vêm a ser *mapeamento* e *processo*, cujos conceitos serão apresentados e discutidos sob a ótica de diversos autores no decorrer da obra. Vale ressaltar que, como esta obra não trata da gestão de processos, as técnicas de gestão não serão aprofundadas, mas comentadas de forma a identificar a relevância do mapeamento como instrumento valioso para facilitar a ideia e a concepção de gestão.

O ponto de partida das ações de um gestor é o mapeamento de um processo de um produto, que pode ser um bem ou um serviço. Considerando-se que atualmente qualquer produto disponibilizado ao consumo é derivado de um processo de engenharia, os elementos que compõem a engenharia de produtos e os que fazem parte do mapeamento desse processo serão o foco deste livro.

Como um processo está intimamente ligado à produção, a **engenharia de produção** apropria-se dos métodos e das ferramentas de gestão que permitem a identificação, o diagnóstico, a análise, o processamento, a finalização e o controle de produtos. O termo *processo* faz parte de cada ciclo desse desenvolvimento e, portanto, junto com o mapeamento, garante a "forma mais correta" de desenvolver cada etapa.

> **Fique ligado!**
> Para melhorar a eficiência operacional da empresa, é necessário que todos os processos sejam claramente definidos e, se possível, organizados de forma documental, para que todos os envolvidos saibam das suas atribuições.

A engenharia de produção envolve os domínios da engenharia industrial e de processo (Plossl, 1993) e tem transformado os sistemas de produção desde a época da Revolução Industrial. Naquele período, os processos (e as operações inerentes a eles) eram ainda desorganizados, desestruturados, desconhecidos por muitos e sujeitos ao pensamento não sistêmico e pessoal de um indivíduo que determinava e comandava a planta industrial.

No decorrer dos anos, as organizações produtivas acompanharam a evolução de técnicas, métodos e ferramentas, além de outras inovações da sociedade, e passaram então a incorporar e padronizar os processos, reconhecendo os benefícios proporcionados, entre os quais destacam-se:

- planejar o que será produzido;
- executar o que está planejado;
- estabelecer padrões de tempo;
- facilitar o fluxo de produção;
- acelerar a produção;
- estimar;
- controlar.

Tudo é projetado em uma sala de computadores, que exibem cada informação captada por câmeras e sensores em todos os cantos da fábrica. Alarmes são soados sempre que algo errado acontece.

1.1
Produto

De acordo com o Dicionário Michaelis (2000, p. 584), produto é "aquilo que é produzido, resultado ou rendimento do trabalho físico ou intelectual, resultado útil do trabalho". Kotler (2000, p. 39), por sua vez, o define como "algo que pode ser oferecido a um mercado para satisfazer uma necessidade ou um desejo", acrescentando que "os produtos comercializados incluem bens físicos, serviços, experiências, eventos, pessoas, lugares, propriedades, organizações, informações e ideias". Para Martins e Laugeni (2005, p. 2), é "o resultado dos sistemas produtivos, podendo ser um bem manufaturado, um serviço ou uma informação".

No ciclo de vida de um produto, o movimento é essencial e significa tempo, o qual deve ser controlado. Plossl (1993, p. 11) afirma que as causas dos materiais ociosos são claras:

- planejamento inválido, resultado de tempos excessivos de ciclos de erros de registro;
- tamanho de lotes maior do que as necessidades imediatas;
- operações de produção não balanceadas;
- problemas de qualidade;
- deficiências de projeto; e
- variações de demanda.

O ciclo de vida de um produto envolve cinco fases distintas. Inicialmente há a fase do **desenvolvimento** do produto (ou serviço). Nela, estudos são elaborados, ouve-se o cliente, agregam-se e arranjam-se as especificações técnicas do bem e forma-se a equipe que irá construí-lo e entregá-lo. Há um gasto expressivo de dinheiro, tempo e recursos materiais, bem como treinamento e aperfeiçoamento de habilidades das pessoas (equipe), aquisições e introdução de novas tecnologias, gerenciamento de riscos, testes para verificação de padrões e parâmetros funcionais e técnicos, comunicação intensa entre os envolvidos na produção de forma a possibilitar a entrega efetiva do produto ao mercado.

Na fase de **introdução**, o produto é apresentado ao mercado, novos projetos de *marketing* são aplicados de modo a expressar aos clientes o que é e como ele funciona; nela se caracteriza a novidade. A fase seguinte, de **crescimento**, se caracteriza por forte apelo ao seu consumo/uso pelo mercado; a procura aumenta, o que leva consequentemente a uma elevação no preço, alavancando a margem de lucro da empresa por conta das altas vendas do produto.

A **maturidade** é uma fase de manutenção das vendas e da produção, em que os esforços de *marketing* são renovados para que o produto tenha um período estendido de tempo no que se refere às vendas. A última fase é o **declínio**, que sinaliza o desuso do produto, provocado, entre outros motivos, pelo surgimento de outro similar no mercado e pela percepção do cliente de que o novo produto contém características diferenciadas de qualidade ao ser comparado com o anterior. Nela ficam evidenciados o final da produção do produto, a manutenção das revisões técnicas e os consertos, culminando com a extinção dele quando atingir o prazo legal de reposição de peças, revisões (manutenções) técnicas e desuso por parte do mercado consumidor.

No Gráfico 1.1 é possível identificar as cinco fases explicadas, dispostas em dois eixos cartesianos: o de vendas e lucro, no eixo vertical, e o de tempo, no horizontal.

Gráfico 1.1 – As fases do ciclo de vida de um produto

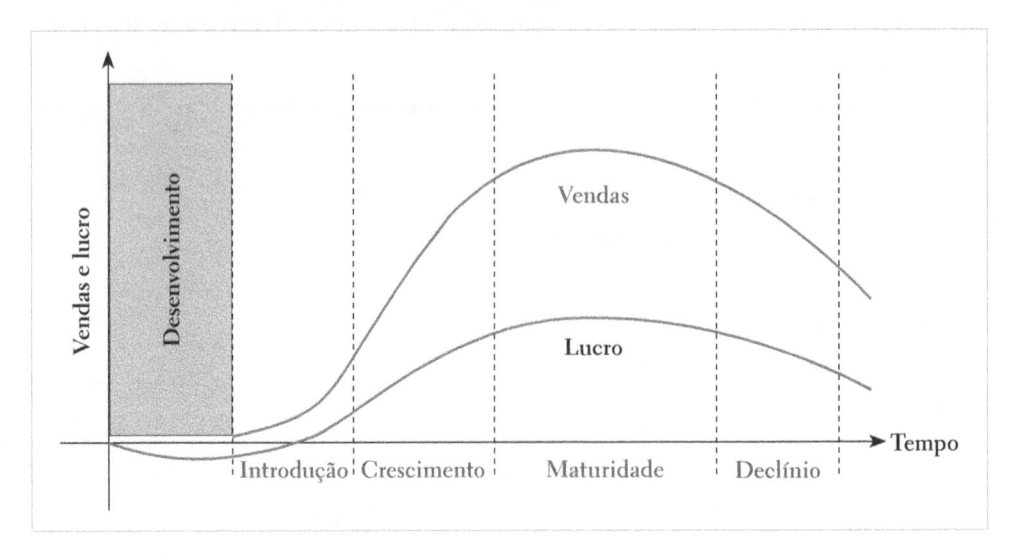

Há algumas características a serem destacadas quanto à diferenciação existente entre bens e serviços, produtos desenvolvidos por uma organização e apresentados ao mercado. Observe o Quadro 2.1:

Quadro 2.1 – Bens e serviços

Bens	Serviços
• Tangibilidade, uma vez que podem ser encontrados de forma concreta, tocados, sentidos. • Estocagem, portanto ocupam espaço. • Produção que necessariamente precede o consumo/uso. • Baixo nível de contato com o consumidor antes da compra. • Possibilidade de ser transportado por uso dos diversos modais logísticos. • Qualidade evidente, pois, uma vez que é entregue, pode ser vistoriado e inspecionado; o cliente compara rapidamente sua expectativa com a sua percepção.	• Intangibilidade, uma vez que não podem ser tocados nem estocados. • Produção e consumo simultâneos – características facilmente percebidas pelo cliente. • Alto nível de contato com o consumidor. • Impossibilidade de serem transportados, uma vez que são intangíveis. • Avaliação de qualidade subjetiva, uma vez que somente ocorre totalmente quando houver a declaração de entrega final por parte de quem os produz
São exemplos de bens um carro ou caminhão, uma xícara com a logomarca da empresa, entre outros produtos.	São exemplos de serviços o corte de cabelo em uma barbearia ou salão de beleza, uma festa de casamento e a abertura de uma conta corrente em um banco.

Em se tratando de produção, seja um bem, seja um serviço, o que é (essencialmente) importante a ambos é aquilo que define o grau/nível de **qualidade** deles. De forma geral, determinados elementos devem ser observados pela organização, principalmente quando esta intenciona desenvolver produtos e apresentá-los ao mercado/os clientes. Via de regra, as seguintes características de qualidade de produto devem ser observadas (Garvin, 1984):

- Desempenho do produto, que deve estar em conformidade com as especificações técnicas.
- Características identificadas na fase de desenvolvimento, que devem estar agregadas ao produto final.
- Confiabilidade do produto, ou seja, o produto deve fazer exatamente aquilo para o qual foi projetado.
- Durabilidade necessária para seu uso.
- Boa rede/equipes que efetuem a manutenção do produto.
- Estética que carateriza sua diferenciação quanto ao uso, exposição e apreciação.
- Qualidade percebida pelo consumidor/cliente.
- Preço.
- Prazo de entrega e disponibilização para uso.
- Confiabilidade exposta nas especificações técnicas combinada com o correto uso do produto.
- Responsividade prometida em termos técnicos, de manutenção e uso.
- Segurança no uso e na aplicação.
- Empatia por parte da empresa durante seu ciclo de vida.

1.2
Processo

Processo é um conjunto finito, sequencial e ordenado de passos que devem ser executados para transformar um insumo (uma entrada) em algo útil (uma saída), válido, que atenda a especificações predefinidas (parâmetros, dimensões, prazos etc.). Nesse sentido, ele é repetido por pessoas ou por máquinas e vai ao encontro de requisitos da organização previamente programados, de forma que seu desempenho possa ser avaliado diante do objetivo geral estabelecido.

A responsabilidade da execução do processo cabe a cada ator a ele associado, seja pessoa, seja máquina, respeitando o nível de suas atividades, sendo colaborativo e orientado ao cliente final, comum ao processo, ou ao produto, ou ao serviço.

Ferreira (2010, p. 1712) define processo como a "maneira pela qual se realiza uma operação, segundo determinada norma; método ou técnica". Para Houaiss e Villar (2009, p. 1554), trata-se de uma "ação continuada, realização contínua e prolongada de alguma atividade; seguimento, curso, decurso, [...] uma sequência continuada de fatos ou operações que apresentam certa unidade ou que se reproduzem com certa regularidade, andamento, maneira, procedimento; [...] modo de fazer alguma coisa; método, maneira".

Shingo (1996, p. 26) apresenta a distinção existente entre processo e **operação**, afirmando que:

> Processo refere-se ao fluxo de produtos de um trabalhador para outro, ou seja, os estágios pelos quais a matéria-prima se move até se tornar um produto acabado.
>
> Operação refere-se ao estágio distinto no qual um trabalhador pode trabalhar em diferentes produtos, isto é, um fluxo humano temporal e espacial, que é firmemente centrado no trabalhador.

O autor ainda acrescenta que a produção pode ser considerada uma rede de processos e operações, porque "processo é a cadeia de eventos durante os quais a matéria-prima é transformada em produtos [...] Operação é a cadeia de eventos durante os quais trabalhadores e máquinas trabalham nos itens" (Shingo, 1996, p. 260).

Slack et al. (2008, p. 28) propõem outra interpretação ao termo *operação*, ao apresentá-lo como um conjunto de funções que a organização utiliza para produzir algum *mix* de produtos e serviços.

> *Para saber mais*
>
> Para saber mais sobre o emprego do termo *operações*, em se tratando de administração da produção, leia o livro *Administração da produção*, de Nigel Slack, Stuart Chambers e Robert Johnston. Nele, os autores apresentam os conceitos de *processo, atividade, tarefa* e *ação* como componentes de operações de produção.

Oliveira (2006, p. 54), por sua vez, define processo como sendo "um conjunto estruturado de atividades sequenciais que apresentam relação lógica entre si, com a finalidade de atender e, preferencialmente, suplantar as necessidades e as expectativas dos clientes externos e internos da empresa". Essa conceituação traduz o que se objetiva com um processo bem definido e estruturado: a melhoria contínua do negócio de modo a garantir vantagem competitiva e, consequentemente, permitir o desenvolvimento de novos produtos.

Em termos de administração, para Oliveira (2006, p. 54), processo significa:

> um conjunto estruturado e intuitivo das funções de planejamento, organização, direção e avaliação das atividades sequenciais, que apresentam relação lógica entre si, com a finalidade de atender e, preferencialmente, suplantar, com minimização dos conflitos interpessoais, as necessidades e expectativas dos clientes externos e internos das empresas.

Ao se pensar em processos e na administração deles, aliados às estratégias da empresa, o objetivo é a obtenção de vantagem competitiva mediante melhoria, redução de custos, atualização e incremento dos negócios, aumento do fator de produtividade, além da possibilidade de captar a voz do cliente a fim de realizar mudanças internas e atender os desejos dele. Isso levará à promoção de novos métodos para desenvolver e implementar inovações, permitindo rever a visão da empresa, realinhando objetivos estratégicos. A consequência é a criação de novos processos, dando início a um novo ciclo de estruturação.

Quando se pensa em reengenharia, parte-se para sua definição, que é a de "readequar" a estrutura atual em uma nova, mais ágil, econômica e fácil de ser gerenciada. Por exemplo, se compararmos o departamento de pagamento de uma empresa que tem 5 empregados com o de outra do mesmo ramo que tem 50, pode-se aplicar uma reengenharia nesse caso? Sim, pois o que será revisto em termos de processo não é o departamento nem as pessoas, e sim **o que elas fazem**, de forma a reorganizar o pensamento lógico dos processos que realizam! Isso muda a estrutura atual, "readequando" o setor para processos mais ágeis e econômicos!

Processos são o que as empresas fazem. Com essa afirmação, Hammer e Champy (1994, p. 14) os definem como "um conjunto de atividades com uma ou mais espécies de entrada e que cria uma saída de valor para o cliente". Na percepção de Gonçalves (2000, p. 7), trata-se de "qualquer atividade ou conjunto de atividades que toma um *input*, adiciona valor a ele e fornece um *output* a um cliente específico".

Para Davenport (2000), processo representa uma ordenação específica de trabalho através do tempo e do espaço, tendo um início, um conjunto determinado de entradas que formam a estrutura para a ação, uma saída e um fim. Nagel e Rosemann (1999) afirmam que ele envolve a realização de um conjunto completo de atividades e constitui uma ordenação lógica e temporal daquilo que é executado para transformar um objeto do negócio com a meta de concluir determinada tarefa.

Paim et al. (2009, p. 101) definem processo como:

simplesmente o modo como uma organização realiza seu trabalho – a série de atividades que executa para atingir um dado objetivo para um dado cliente, seja interno ou externo. Um processo pode ser grande e transfuncional, como a gestão de pedidos, ou relativamente circunscrito, como o cadastro de pedidos (que poderia ser considerado um processo em si ou um subprocesso da gestão de pedidos).

Os mesmos autores expandem o conceito ao defender que:

> os processos estão relacionados aos fluxos dos objetos (materiais, informações, capital, conhecimento, ideias ou outro objeto que demande coordenação de seu fluxo) cabendo aos processos o desenvolvimento ou o desenrolar dos fluxos de objetos enquanto às funções ou unidades organizacionais cabe a concentração de conhecimentos por semelhanças. (Paim et al., 2009, p. 103)

O que eles desejam ressaltar é que cada processo da organização deve ser visto de acordo com o fluxo dos seus objetos, ou seja:

- quando os resultados gerados pelo processo são produtos (bens ou serviços) para os clientes, o processo é dito **finalístico**;
- quando os resultados promovem o funcionamento da organização, o processo é dito **gerencial**;
- quando os processos prestam apoio aos demais, então são ditos **de suporte**.

Salerno (1999, p. 104), por sua vez, apresenta as características que um processo deve apresentar:

- organização estruturada, com sinergia (trocas) entre as atividades que o compõem;
- entradas válidas (tangíveis, como produtos e relatórios; ou intangíveis, como decisões, pedidos, demandas e ordens);
- saídas válidas;
- recursos, ou seja, meios para que possa ser realizado (energia, materiais, equipamentos, pessoas, acessórios etc.);
- custo dos elementos que o compõem;
- desempenho global, ou seja, o conceito medido pela forma como ele se comportou em cada atividade, servindo de referência para ajustes quanto ao objetivo estabelecido;
- fatores de desempenho sobre as atividades ou coordenação do processo, definidos como ponto crítico, tendo reflexão sobre a gestão econômica dele;

- temporalidade mensurável, ou seja, a gestão do tempo ou cronograma desde que é iniciado (aberto) até ser finalizado (entregue).

Ao questionar a **importância dos processos para uma organização**, destacam-se os objetivos da produção de produtos dela, considerando os seguintes elementos necessários à manutenção do seu crescimento:

- Os processos são responsáveis pela implementação[1] e sustentação das estratégias para a organização, uma vez que põem em prática a visão, a missão e as operações da empresa.
- Os processos permitem agregar valor ao produto (bens ou serviços), permitindo aumentar a produção, diferenciar-se no mercado, identificar novas perspectivas de operacionalização de produção, incrementando a competitividade.
- Os processos refletem o que a organização é, ou seja, possibilitam que clientes percebam como ela funciona.
- Os processos aumentam (ou diminuem) a "criação de valor" da marca, dos produtos, da imagem da organização perante o cliente e a sociedade.
- Os processos permitem o mapeamento da produção que a organização se propõe a entregar, de forma a verificar se ela está (ou não) satisfazendo o cliente.

> 1 Implementação, nesta obra, tem o sentido de "desenvolver", "solucionar", "pôr em prática um plano", "implantar um programa ou um conjunto de programas destinados a atingir fins específicos"; "realizar" (Houaiss; Villar, 2009, p. 1054).

De forma geral, os processos geram valor para a empresa porque podem ser considerados como ativos que, entre outros aspectos:

- facilitam a comunicação entre as áreas da instituição;
- são responsáveis pela produção de produtos (bens ou serviços) perceptíveis pelo cliente, refletindo como a instituição funciona;
- permitem que a visão, a missão e as respectivas estratégias sejam postas em ação;
- permitem que as tecnologias de informação sejam implementadas de acordo com as regras do negócio;
- são responsáveis por executar as ações, identificar falhas ou erros, evitar gargalos e permitir o desenvolvimento e aplicação de melhorias no processo produtivo; e
- fazem parte da visão integrada do negócio da organização, juntamente com as pessoas e as tecnologias.

A Figura 1.1 apresenta os elementos centrais que tornam possível identificar a visão integrada da organização.

Figura 1.1 – Elementos que permitem a visão integrada da organização

Organização

- Processos
- Negócios
- Tecnologia
- Pessoas

Como todo processo é executado por meio de uma série de procedimentos (tarefas e respectivas ações), Megginson, Mosley e Pietri Junior (1986, p. 115) apresentam as vantagens que estes, quando bem modelados, proporcionam aos processos: preservação do esforço gerencial; facilidade de delegação de autoridade e estabelecimento de responsabilidade; condução ao desenvolvimento de métodos de operações mais eficientes; significativas economias de pessoal; facilidade de controle; e auxílio em coordenação.

1.2.1 Classificação dos processos

Os processos podem ser classificados com base em dois tipos de elementos: os que permitem o **entendimento central processual** e os que **desdobram (ampliam) o processo**. Paim et al. (2009, p. 104-107) apresentam tais elementos em dois grupos:
 1. Elementos que permitem o entendimento central do processo:
    a. Pela forma de coordenação – É o estilo adotado pelo gestor, que pode ser: centralizador; descentralizador; flexível; rígido; global; local; pela função; com foco no produto; geografico; pelo arranjo físico; estruturado; semiestruturado; baseado na cadeia de ações; paralelo; isolado; *ad hoc*; entre outros.

b. Pela complexidade em descrever o processo, ou seja, em apresentar os atributos necessários para explicá-lo – Quanto mais complexo, melhor deve ser definido e entendido, e mais difícil será a sua execução. Por isso, é necessário que seja avaliado, negociado, aprovado, concebido, normatizado, planejado, programado, executado, acompanhado, monitorado, controlado e verificado quanto aos padrões preestabelecidos.
c. Pelo propósito do processo – Envolve gerenciar as atividades e recursos para a transformação dos insumos, produzindo um produto que deve ser entregue (portanto **finalístico**) ou dar **suporte** (ou apoio) a outros processos.
d. Pela importância (ou criticidade) do processo para transformar o insumo em produto ao cliente – Pode ser altamente **crítico**, em que problemas ou falhas geram grandes perdas ao cliente e à empresa; ou **não crítico**, a ponto de não associar sequer oportunidades de melhoria.
e. Pelo nível de maturidade – *Ad hoc*, cujas atividades não apresentam definição prévia, com baixa estruturação; **repetitivos**, com sequência e frequências bem definidas, documentadas, normatizadas e internalizadas pelas pessoas; **normatizados**, ou seja, que já foram planejados, documentados e consolidados; **mensurados**, que são os processos normatizados associados a indicadores que monitoram seu desempenho; e os **geridos**, que são os mensurados com aplicação de melhorias contínuas explicativas pelos gestores.
f. Pela capacidade de entregar o combinado – Pode ser um processo **incapaz** de desenvolver o produto conforme o acordado, sem previsibilidade de tempo; **capaz caso a caso**, que atende a alguns clientes e a outros não; **capaz para a organização como um todo**, assegurando consistência, integridade, finalização e atendimento aos requisitos; ou **capaz de aumentar o valor continuamente ao longo do tempo**, por meio de inovações, programas de *benchmarking*, compartilhamento de conhecimentos e atenção à voz do cliente, entre outras.

2. Elementos que desdobram os processos:
    a. ações (alocar recursos, planejar, coordenar, avaliar, preparar, executar, promover e facilitar, entre outros);
    b. recursos (financeiro, pessoal, material, tempo e outros); e
    c. objeto do fluxo (o desenrolar temporal dos eventos que alteram o estado do objeto em transformação, por transições das interfaces do processo).

Levando-se em consideração o conceito dos elementos que permitem ao gestor o entendimento central dos processos e o entendimento dos elementos que os desdobram (ampliam), pode-se alinhar à classificação dos **processos empresariais** proposta por Gonçalves (2000, p. 5), que os divide em três categorias (Quadro 1.2), as quais:

> se subdivide[m] em tipos de processos, que se distinguem uns dos outros em função da sua capacidade de gerar valor, do fluxo básico, da atuação e da orientação básica com relação à estrutura organizacional:

1. Processos de Negócio (ou de Cliente) sendo aqueles que caracterizam a atuação da empresa e que são suportados por outros processos internos, resultando no produto ou serviço que é recebido por um cliente externo;
2. Processos Organizacionais ou de integração organizacional como sendo aqueles centralizados na organização e viabilizam o funcionamento coordenado dos vários subsistemas da organização em busca de seu desempenho geral, garantindo o suporte adequado aos processos de negócio; e
3. Processos Gerenciais, que são focalizados nos gerentes e nas suas relações (Garvin, 1998) e incluem as ações de medição e ajuste do desempenho da organização.

Quadro 1.2 – Classificação geral dos processos empresariais

Categoria	Tipo	Capacidade de gerar valor	Tipo do fluxo	Tipo de atuação	Tipo de orientação
Negócio (cliente)	Produção física	Primário	Físico	Transformação	Horizontal
	De serviço	Primário	Lógico	Transformação	Horizontal
Organizacional (integração)	Burocráticos	De suporte	Lógico	Integração horizontal	Horizontal
	Comportamentais	De suporte	Lógico	N.A. (*)	N.D. (**)
	De mudança	De suporte	Lógico	N.A. (*)	N.D. (**)
Gerencial	De direcionamento	De suporte	De informação	Integração horizontal	Vertical
	De negociação	De suporte	De informação	Integração horizontal	Vertical
	De monitoramento	De suporte	De informação	Medição de desempenho	Vertical

(*) Não se aplica.
(**) Não definido.
Fonte: Adaptado de Gonçalves, 2000, p. 6.

1.3 Produção

A produção é um fator que impulsiona o ser humano e que deu origem à indústria. Desde a época da manufatura de pequenos utensílios até grandes máquinas e equipamentos atuais; desde a Revolução Industrial, ocorrida na Inglaterra, no século XIX, passando pela Primeira e Segunda Guerras Mundiais do século XX; desde o período da Guerra Fria e da transformação das relações industriais do fim do século XX até os dias atuais; a indústria recebeu a introdução de novas tecnologias que levaram o homem a ter seu desejo por produtos (bens e serviços) atendido.

A produção e a forma de produzir foram evoluindo com a melhoria dos processos administrativos, que permitiu que as atividades que compõem o ciclo produtivo fossem aperfeiçoadas para serem mais eficientes, eficazes e, portanto, efetivas à organização.

A forma de produzir diferencia as empresas e envolve dois fluxos: o de **materiais** e o de **informação**. Nesse sentido, deve haver a integração dos esforços de todos os grupos, visto que o trabalho em equipe é essencial para manter materiais e dados em movimento (Plossl, 1993, p. 9).

A produção deve ser vista como um processo que envolve o fluxo de materiais e de informações, desde o início da fabricação até a efetiva entrega ao cliente. Quanto melhor o funcionamento, melhor será o controle, garantindo produção contínua, vendas, lucratividade e satisfação do cliente.

Produção é um **processo de combinação** de diversos insumos de entrada (*inputs*) e insumos imateriais (conhecimento – *know-how*, planos etc.), a fim de fazer (conceber), mediante um processamento/transformação das entradas pela aplicação do conhecimento, algo para o consumo (a saída – *output*), conforme ilustrado na Figura 1.2.

Figura 1.2 – Esquema geral de um processo de produção

Aos métodos utilizados para a combinação das entradas (*inputs*) no processamento de transformação, a fim de apresentar uma saída válida, com qualidade, dá-se o nome de *tecnologia de produção*. Essa tecnologia é uma função de produção, que aplica conhecimentos, técnicas, métodos e formulações que facilitam, agilizam, economizam e melhoram a transformação das entradas em saídas de cada processo.

O uso intenso de tecnologia (atualizada) faz aumentar a produtividade nas áreas produtivas organizacionais (agricultura, silvicultura, piscicultura, indústria, serviços etc.) e, ao mesmo tempo, proporciona a redução de custos, de tempo, de uso intensivo das máquinas e de alocação excessiva de pessoas, entre outros benefícios.

A produção pode ser entendida como o conjunto de atividades que levam à transformação de um bem em outro com maior utilidade. O termo *produtividade* foi usado pela primeira vez com o sentido vinculado à produção organizacional pelo economista francês Quesnay em 1766; no ano de 1883, outro economista francês, Littre, utilizou o termo com o sentido de "capacidade para produzir".

Basicamente existem três tipos de produção:

1. **Produção artesanal** – Realizada por profissionais habilidosos que se utilizam de ferramentas simples e flexíveis para fabricar pequenas quantidades de produtos personalizados.
2. **Produção em massa** – Profissionais não muito habilidosos utilizam máquinas especiais para desempenho das tarefas; o volume de produtos padronizados é grande.
3. **Produção enxuta** – Utiliza-se de recursos operacionais mínimos, com alto volume de produtos de alta qualidade, com redução no tempo de produção e entrega.

No século XX a relação entre o que era produzido e os recursos empregados foi claramente fixada nas organizações produtivas, principalmente quando o americano Henry Ford criou e apresentou a "linha de produção", ou seja, uma nova forma de se produzir. O que Ford fez foi estabelecer uma linha de montagem de peças em que o trabalhador executava uma tarefa específica e, ao concluí-la, passava o resultado do trabalho para o próximo operário que, em sua base, executava as suas tarefas, e assim sucessivamente, até que o produto estivesse totalmente montado e pronto ao final da linha. Trata-se de uma forma de desempenhar o trabalho que revolucionou os métodos e processos produtivos.

Ganhou destaque, então, o conceito de *produção em massa*, caracterizado por grandes volumes de produtos produzidos e entregues. Um exemplo foram os automóveis de Henry Ford, comercializados ao alcance do americano comum por meio da redução de custos proporcionada pelo novo método. O carro barateou o quanto foi possível e ficou acessível a qualquer cidadão que quisesse comprá-lo. Na

Figura 1.3, é possível observar os primeiros resultados do modelo de Henry Ford e também outros exemplos de linhas de produção.

Figura 1.3 – Exemplos de linhas de produção desde Ford

Uma das funções da produção é apresentar a métrica do desempenho da organização, assim como comparar o uso das tecnologias empregadas. Ela descreve mecanismos de crescimento econômico de organizações e nações. Por conta disso, o crescimento econômico de uma organização pode ser expressado pelo aumento dos insumos de entrada no processo de produção e pelo aumento na produtividade, cujas medidas indicarão consequentemente a capacidade que ela tem para aproveitar esses recursos de forma a gerar crescimento econômico. Naturalmente, o uso da tecnologia representa um diferencial competitivo.

O crescimento da produção traz consigo entradas adicionais aos processos e pode contribuir no aumento da produtividade. Podemos citar como exemplos o uso de automação, a informatização, a ergonomia e os novos *designs*, recursos que, como resultado, podem conduzir ao aumento da produtividade, que é um modo de garantir o crescimento do nível de vida dos produtos e da empresa.

A produtividade traz crescimento da força de trabalho, o que pode proporcionar a melhoria de condições de trabalho e do nível salarial. Aos clientes pode resultar em produtos mais baratos; aos acionistas, aumento nos lucros e nos dividendos; ao setor ambiental, maior proteção contra danos à natureza; e ao governo, maior arrecadação de impostos e possibilidade de abertura de novos programas de incentivo à produção.

1.4
Modelos de produção

Os modelos de produção adotados pelas empresas influenciam a produtividade delas. Essa é a razão pela qual estas atuam em ambientes com características voltadas para:
- redução drástica do ciclo de vida dos produtos;
- elevada diversidade e sofisticação (complexidade) dos produtos;
- elevada personalização dos produtos;
- procura de algo não previsível e de grande variabilidade;
- reduzidos prazos de entrega ao cliente.

Para alcançar essas características desejáveis, as áreas de produção e comercial da organização devem estar em sintonia, o que leva ambas a adotarem tecnologias de conhecimento comum nas operações. A troca de informações e conhecimento vai permitir que se alcancem, no menor prazo possível, as cinco características anteriormente descritas. Na Figura 1.4, está ilustrado um exemplo que traduz a sintonia entre os setores de produção e o comercial.

Figura 1.4 – Representação de sintonia entre as áreas de produção e comercial

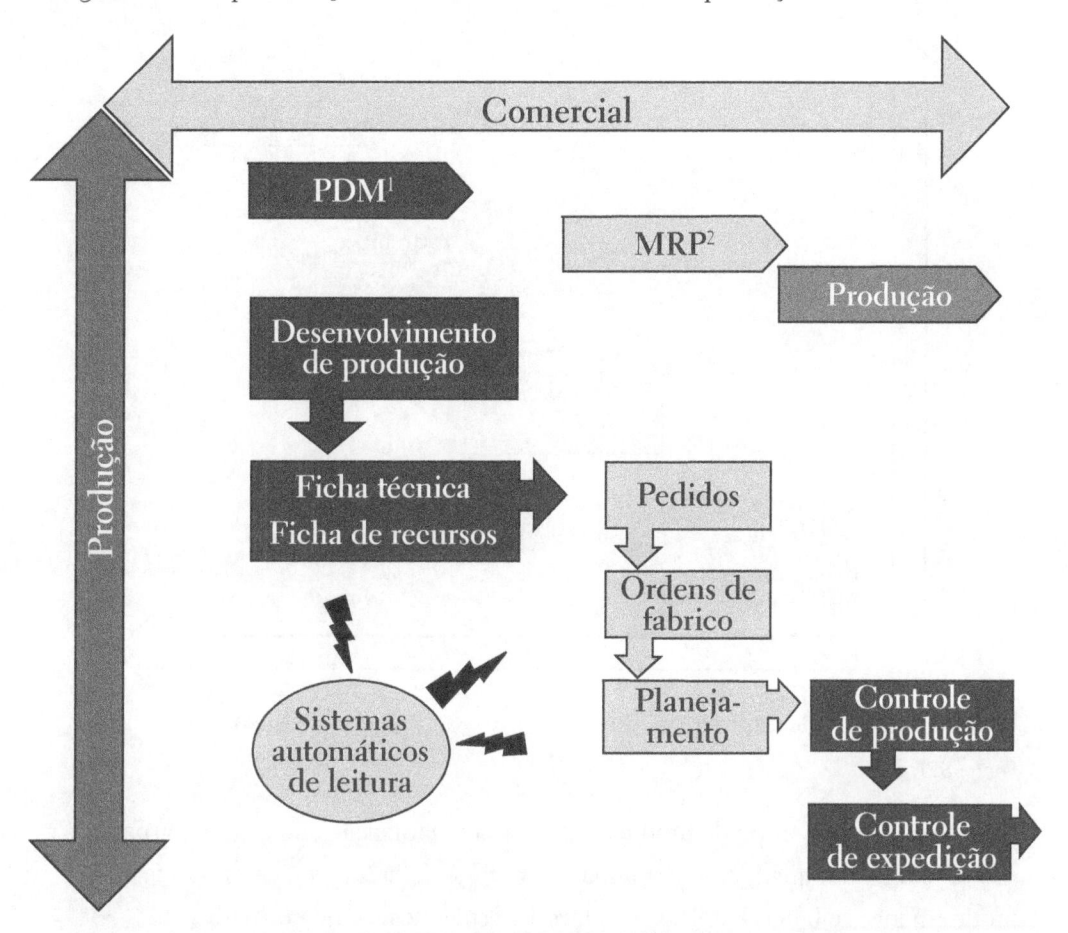

1 PDM significa "gerenciamento dos dados da produção", sigla do original em inglês *Product Data Management*. É um método adotado por gestores para gerenciar os dados da produção de produtos (bens ou serviços), permitindo que os dados de produtos complexos sejam identificados, rastreados e administrados de forma a garantir efetividade na fabricação e lançamento de novos produtos.
2 MRP significa "planejamento de necessidades de materiais", sigla do original em inglês *Material Requirement Planning*.

A produção apresenta diferentes tipologias e, com elas, as formas de perceber/conceber qualidade. No caso do trabalho por encomenda, a maior característica é o baixo volume de produção, além da temporalidade indefinida, que conduz a uma produção intermitente. No tipo de fabricação em lotes, o volume é considerado mediano (em relação à taxa de produção continuada) e a produção é caracterizada por pedidos ou por encomendas que fazem disparar o processo produtivo de maneira a atendê-los.

A produção em série, por sua vez, em que o volume é alto, define-se pela continuidade de vendas ou absorção do mercado. Isso significa, consequentemente, que pode ser elevada ao tipo de produção contínua se o volume aumentar ao nível considerado alto. Para visualizar essas formas de produção, confira o Gráfico 1.2.

Gráfico 1.2 – Formas de produção

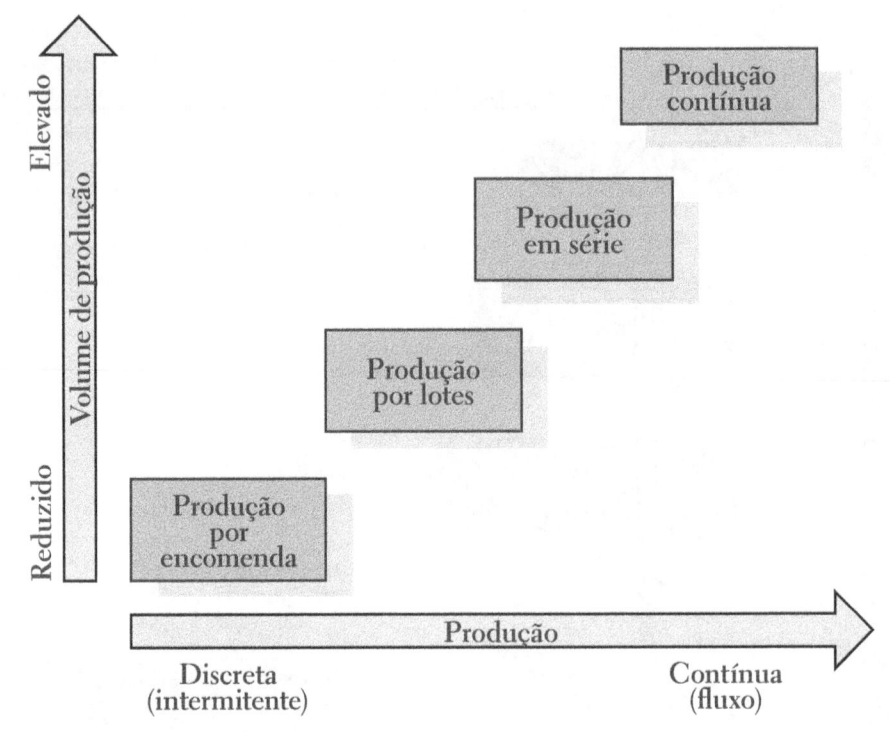

Fonte: SPI, 2011.

Qualquer que seja o tipo de produção que uma organização adote, a maior parte dos problemas de qualidade se origina em virtude de falhas gerenciais – e não propriamente de falhas técnicas. Isto levou à especificação de normativas que culminaram com a implantação de Sistemas de Qualidade no Brasil (ISO 9001:2000), cujo objetivo é atender a especificações e requisitos (inclusive internacionais) para unir bases de normas e padrões que permitam (e garantam) o diferencial competitivo na economia globalizada:

- Facilidade para competição às empresas (e não somente sua sobrevivência), enfatizando que a maior preocupação de qualidade é de responsabilidade de todos que participam ativamente delas;
- Barreiras que facilitem a identificação de conformidades e não conformidades (implantação e adoção de sistemáticas, regras, normas e regulamentos), assim como o estabelecimento de tarifas e barreiras técnicas para operações de importação/exportação;
- Implantação e adoção de avaliações de conformidades como meio regulador de mercados (por exemplo, em 2011 havia no Brasil 45 programas de avaliação de conformidades de produtos de caráter compulsório e 82

de caráter voluntário); outra forma de garantir isso é o credenciamento de laboratórios especializados em avaliação de conformidades, como, no caso brasileiro, o Instituto Nacional de Metrologia, Qualidade e Tecnologia (Inmetro).

1.5
Conhecimento como fator de produção

O conhecimento é um elemento inerente às pessoas. Ele não vem de máquinas, e sim de pessoas; por isso, deve ser considerado um fator essencial do processo de produção e de geração de riquezas.

Nesse aspecto, o mundo empresarial globalizado cunhou o termo *knowledge-based economy*, ou seja, economia baseada em conhecimento, pois entende que o valor dos produtos (independentemente da indústria) depende cada vez mais do aumento percentual de inovação, da identificação e do uso constante de tecnologia e, finalmente, do desenvolvimento da inteligência organizacional. Esses elementos são inerentes ao processo cognitivo das pessoas, que incrementam os fatores de produção da empresa.

Concordam com esse modo de pensar os pesquisadores Karl Erik Sveiby, Thomas Stewart, Leif Edvinsson e Michael Malone. Especialmente Edvinsson e Malone (1998, p. 21) afirmaram, por mais de dez anos (de 1988 a 1998) que "o valor das empresas deixou de estar relacionado aos bens tangíveis, como prédios e máquinas, passando a ser avaliado, principalmente, a partir de seus ativos intangíveis". Eles já alertavam que o sucesso no mercado exige a geração de competências distintivas das pessoas, que devem ser construídas com base em atividades de formação profissional da organização por meio de dois fatores:
1. atender a demandas presentes e futuras, identificadas no setor industrial e de serviços; e
2. estabelecer alternativas para o desenvolvimento da necessária competitividade.

Para garantir que a produtividade seja impulsionada pelo atendimento das demandas presentes e futuras, bem como no estabelecimento de alternativas à competição local e global, gestores devem investir muito em três elementos fundamentais:
1. gestão de novas tecnologias;
2. gestão do conhecimento empresarial (tanto tácito como explícito); e
3. ativos tangíveis e ativos intangíveis da empresa.

1.6 Produtividade e indicadores

O termo *produtividade* está presente em todas as indústrias e significa alcançar a utilização produtiva por meio dos recursos disponíveis e dos processos claros e definidos da empresa. Segundo Stevenson (2001, p. 24), "produtividade é um índice que mede a relação entre *output* gerado (bem produzido ou serviço executado) e o *input* utilizado (mão de obra, materiais, energia e outros recursos) para produzir aquele *output*".

Nesse sentido, a produtividade é uma medida da efetividade na utilização dos recursos de uma organização e o termo utilizado para avaliar o desempenho (da empresa em termos gerais ou da seção em termos específicos), de modo a auxiliar na tomada de decisão sobre as melhorias a serem aplicadas. Para que seja possível determiná-la, gestores utilizam índices e indicadores de produtividade com vistas a ajudar a verificar e acompanhar o nível de produção, o qual permite formar a opinião sobre a capacidade de competição da organização e/ou de atendimento a seus clientes.

Portanto, produtividade constitui um índice que dimensiona a relação entre o *output* gerado e o *input* utilizado para produzir aquele *output*. Sua formulação pode ser representada por:

$$\text{produtividade} = \frac{outputs}{inputs}$$

Porém, muitas vezes o gestor quer apresentar a produtividade de outras formas, e para que isso seja possível utiliza-se de outras três maneiras de calculá-la: por meio do **índice parcial**, do **índice para um conjunto de fatores** e do **índice global**.

O indíce parcial pode ser utilizado para compor o índice de produtividade em termos de *output*/mão de obra, *output*/uso da máquina, *output*/energia empregada e *output*/capital investido, entre outros exemplos.

$$\text{índice parcial} = \frac{outputs}{input \text{ único}}$$

Aqui, pode ser utilizado para compor o índice de produtividade em fatores em termos de *output*/(mão de obra + uso da máquina), *output*/(energia empregada + capital investido + material) e outros exemplos.

O índice para um conjunto de fatores pode ser utilizado para compor o índice de produtividade em fatores em termos de *output*/(mão de obra + uso da máquina), *output*/(energia empregada + capital investido + material) e outros exemplos.

$$\text{índice para um conjunto de fatores} = \frac{outputs}{inputs \text{ múltiplos}}$$

O índice global pode ser utilizado para compor o índice de produtividade global em termos de *output*/todos os recursos utilizados para produzir.

$$\text{índice global} = \frac{outputs}{input \text{ totais}}$$

De acordo com Stevenson (2001):

a. Produtividade de mão de obra deve ser definida, por exemplo, por:
- unidades de produção por hora de mão de obra;
- unidades de produção por turno;
- valor adicionado por hora de mão de obra; e
- valor da produção em R$ por hora de mão de obra.

b. Produtividade do capital deve ser definida por:
- unidades de produção por R$ de *input*; e
- valor da produção em R$ por R$ de *input*.

c. Produtividade da energia deve ser definida, por exemplo, por:
- unidades de produção por quilowatt-hora; e
- valor da produção em R$ por quilowatt-hora.

d. Produtividade de máquina deve ser definida por:
- unidades de produção por hora de máquina; e
- valor da produção por R$ de hora de máquina.

> *Exemplo*
>
> Qual a produtividade da mão de obra (MO) se:
> - 10.000 unidades são produzidas?
> - vendidas a R$ 10/unidade?
> - são 500 horas trabalhadas?
> - com custo da hora de mão de obra de R$ 9/hora?
> - com custo da matéria-prima de R$ 5.000?
> - com custo do material comprado de R$ 25.000?
>
> Resolução para uma produtividade de múltiplos fatores (*Multiple Factor Produtivity* – MFP):
>
> $$\text{índice para um conjunto de fatores} = \frac{output}{inputs \text{ múltiplo}}$$
>
> $$\text{índice de produtividade MO} = \frac{output}{\text{MO} + \text{materiais}}$$
>
> $$\text{índice para um conjunto de fatores} = \frac{10.000 \text{ unidades} \times R\$ 10}{(500) \times (R\$ 9) + (R\$ 5.000) + (R\$ 25.000)}$$
>
> $$\text{índice para um conjunto de fatores} = 2{,}90$$

Quando há melhora de qualidade na maneira de produzir, temos o aumento da produtividade; por isso, produtividade tornou-se um fator de sobrevivência e de competitividade da empresa.

Para garantir que os índices de produtividade mantenham-se em crescimento, gestores devem se atentar a:

- atualizar seus produtos (bens/serviços) diante dos substitutos ou de outros mais baratos (nacionais ou internacionais);
- monitorar concorrentes;
- acompanhar a modernização dos métodos de produção (das pessoas e tecnologias do seu parque de máquinas).

Esses aspectos, aliados ao constante monitoramento da preferência dos clientes, ajudam a definir o critério de qualidade da empresa, permitindo agregar os valores dos clientes aos produtos.

Na produtividade, além da aplicação e do uso das tecnologias (máquinas e métodos), pessoas fazem a diferença, pois são elas que definem, projetam e operam sistemas, que devem compreender os desejos e necessidades dos clientes (e seus valores), assim como entender da regra do negócio da empresa (com visão sistêmica, visão de projetos e visão do negócio). O conhecimento das pessoas fará com que sejam definidos a qualidade e o potencial máximo de produtividade, resultando na competitividade da organização.

Portanto, via de regra, para melhorar a produtividade, gestores devem preocupar-se com o clima (ambiente) de trabalho; investir no tempo e nos métodos de formação e na qualificação técnico-profissional dos colaboradores; e respeitar os direitos, obrigações e fatores relacionados à produção.

Stevenson (2001) apresenta três tipos básicos de produtividade e como podemos classificar nossos índices de produção:

1. Produtividade parcial – Refere-se a um único *input* ao processo.
2. Produtividade conjunto – Refere-se a mais de um *input*.
3. Produtividade total – Refere-se a todos os *inputs* possíveis ao processo.

Nesses tipos de produtividade, os fatores que afetam não são os *inputs*, e sim quatro elementos básicos que devem ser observados pelos gestores. Tais fatores – gerenciamento, capital, tecnologias e qualidade –, em conjunto, interferem diretamente na produtividade.

O **gerenciamento** engloba o estilo de gestão e os métodos que gestores utilizam para direcionar para a produtividade tanto os esforços da equipe quanto a tecnologia disponível. O **capital** é o elemento crucial porque garante recursos para aquisição de novas **tecnologias**, treinamento e formação profissional que, se bem definidos, empregados e utilizados, devem assegurar a **qualidade** dos processos de produção, aumentando a produtividade.

Para aumentar a produtividade, os gestores precisam:

- monitorar todos os processos de produção da empresa – isso significa que devem desenvolver e aplicar índices em todas as atividades operacionais, os quais ajudarão a melhor decidir sobre operações críticas (gargalo) dos processos, permitindo assim analisar o sistema como um todo;
- de acordo com a estratégia da empresa, criar e estabelecer metas que sejam simples, alcançáveis e razoáveis para garantir o processo de melhoria contínua;
- desenvolver um sistema de *brainstorming* interno, ouvindo colaboradores, clientes internos e também fornecedores (a visão operacional e novas ideias ajudam a aumentar a produtividade porque pessoas podem identificar elementos e melhor entender aquilo que gestores não enxergam ou que dificilmente percebem); isso é uma forma de incentivar a adoção e implementação de melhorias;

- utilizar *benchmarking* (monitorar concorrentes) – essa iniciativa aumenta a produtividade quando se verifica que a adoção de novas tecnologias e métodos dos concorrentes pode significar muito nas mudanças organizacionais internas; e
- enfatizar para a equipe que produtividade não significa ser eficaz ou eficiente, deixando claro que ela resulta da manutenção diária desses dois conceitos.

Como já foi destacado, uma das maneiras de se medir a produtividade em uma organização é por meio da implantação e uso de indicadores. Estes constituem uma forma de representar quantitativamente as características de um processo e dos insumos utilizados; sua função é apoiar o controle e melhoria da qualidade (desempenho) dos produtos (bens ou serviços) entregues aos clientes.

Para que um indicador seja desenvolvido, inicialmente é necessário conceber o tipo que se deseja utilizar. Segundo Scartezini (2009), existem basicamente dois tipos: **indicadores resultantes**, conhecidos por *outcomes indicators*; e **indicadores direcionadores**, também chamados *drivers*, que medem os fatores que levam aos efeitos. Estes são monitorados pelos indicadores resultantes, de onde deriva a relação causa/efeito no gerenciamento dos processos por meio do uso de indicadores.

Ainda de acordo com Scartezini (2009, p. 18), os indicadores resultantes são aqueles que "permitem saber se o efeito desejado foi obtido; são ligados ao resultado final do processo; possuem baixa frequência de análise (portanto, são de longo prazo); mostram o comportamento passado dos dados; e são mais utilizados para fins comparativos".

O mesmo autor aponta que os indicadores direcionadores são os que "permitem analisar as causas presumidas do efeito, de forma proativa; estão ligados às tarefas intermediárias do processo; possuem alta frequência de análise (portanto de curto prazo); se antecipam o futuro; e são mais utilizados para fins menos comparativos" (Scartezini, 2009, p. 18).

Ao utilizar indicadores, os gestores precisam ter a consciência de que devem coletar dados que resultam de observações (ou medições) diretamente nas ações de cada atividade, de cada processo. Isso leva tempo, consome recursos – pessoal e material – e necessita de disciplina para não haver falhas de leitura ou desatenção e garantir de que esses dados irão representar o comportamento do processo cujos índices irão determinar tomadas de decisão de forma a melhorá-lo.

Existem ainda outros tipos de indicadores que são especificamente direcionados para monitorar as metas estipuladas em cada processo da organização. Eles são construídos com base nos elementos básicos ilustrados no Quadro 1.3.

Quadro 1.3 – Elementos a ser considerados na construção de um indicador

Elemento a considerar na construção do indicador	Exemplo
Definição dos dados a serem coletados e sua respectiva temporalidade (aqui sugere-se definir o responsável por essa coleta dentro da organização)	• Número de atendimentos de cliente por dia • Número de reclamações por semana • Peças fabricadas por hora
Definição do tipo de tarefa ou programa a ser monitorado	• Atendimento de clientes • Reclamações • Fabricação de peças
Definição do produto a ser contemplado (bem ou serviço)	• Atendimento • Parafusos
Definição do tipo de escala a ser utilizada no indicador (relação)	• Número inteiro • Número real com duas casas decimais • Número real com duas casas decimais
Definição da fórmula	• Atendimento/dia • Reclamações/semana • Número de peças/hora
Definição do tipo do gráfico	• Barras • Linhas • Setor

Há, então, a necessidade dos gestores em determinar as premissas básicas para todo e qualquer indicador que deseja instituir na empresa. Isso está resumido no Quadro 1.4, a seguir.

Quadro 1.4 – Tipos de indicadores e premissas de uso

Tipo de indicador	Premissas
Eficácia	Quando se deseja monitorar o atingimento (ou não) das metas mediante os recursos disponibilizados (tempo, dinheiro, material, pessoas e outros), os quais serão expressos por meio de dados quantitativos que os expliquem mediante comparação aos padrões previamente acordados.
Eficiência	Quando se deseja monitorar a relação existente entre o explicado, elucidado, apresentado como sendo a forma de se executar e aquilo como realmente foi executado, resultando em dados quantitativos ou qualitativos que permitam comparar ante os padrões previamente estabelecidos.
Efetividade	Quando se deseja monitorar o grau de cumprimento (ou parcela de atingimento) dos objetivos das iniciativas previamente acordadas, mediante percentual de execução (ou cumprimento).
Econômico	Quando se deseja monitorar os custos dos insumos, os valores dos recursos ou as quantidades monetárias gastas/empregadas para a realização das tarefas ou transformação (fabricação) dos *inputs* nos processos; são expressos geralmente pelo custo (ou gasto, ou empenho) médio monetário por unidade.

A estrutura de um indicador deve considerar três elementos fundamentais para sua criação, uso e análise: o que se deseja monitorar; os fatores envolvidos no monitoramento; e a medida a ser utilizada para quantificá-lo. O que deve ser considerado em cada elemento ao conceber um indicador pode ser visto no Quadro 1.5.

Quadro 1.5 – Elementos estruturantes e fatores de um indicador

Elemento estruturante do indicador	Fatores a considerar
Quanto ao **elemento**	• Desempenho de equipamentos • Peças produzidas • Pessoal alocado • Gestão operacional • Fornecedores
Quanto aos **fatores** envolvidos	• Peças produzidas por período • Pessoal alocado por área • Defeitos por área de processo • Custo por centro • Fatia de mercado por produto
Quanto à **medida**	• Número de peças por hora • Percentual por produto por ano • Percentual por dia • Número de sugestões por grupo por mês • Número de horas trabalhadas por pessoa

Indicadores podem ser identificados por meio de gráficos que apresentam as relações entre *input* e *output* em determinada escala de interesse: porcentagem (%), toneladas/hectare, metros quadrados/hora e outros, conforme direcionamento gerencial desejado (apresentado no Quadro 1.5). Os gráficos utilizados para representar indicadores apresentam três formas genéricas de uso e aplicabilidade:

1. Gráfico de setores – Utilizado para apresentar uma parte em relação ao todo, por isso muitas vezes chamado de *gráfico pizza*, porque representa uma fatia (geralmente numérica, em %) do todo, como apresentado no Gráfico 1.3.

Gráfico 1.3 – Gráfico de setores representando parcelas de um todo (100%)

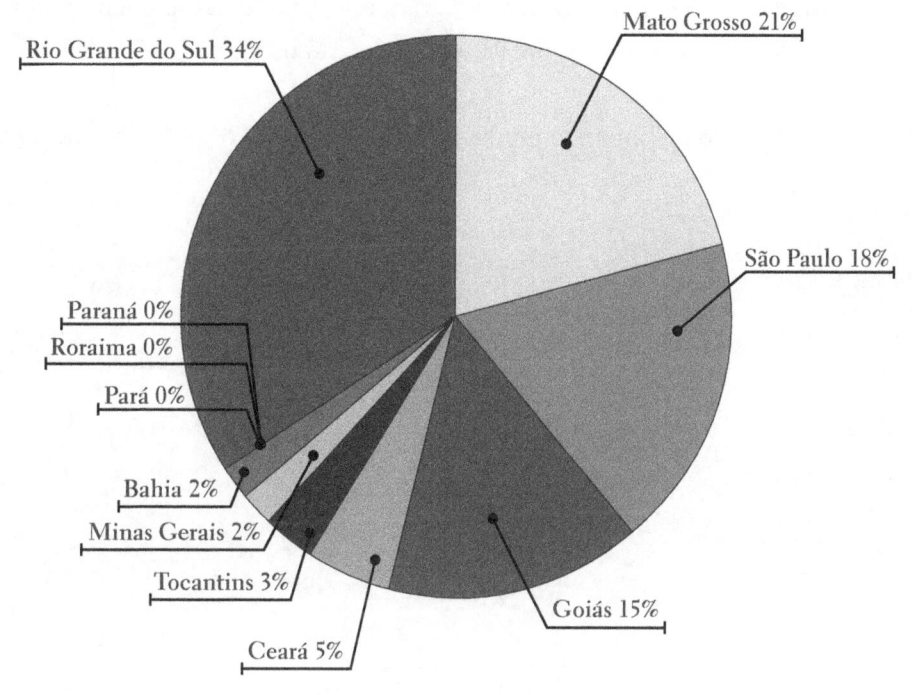

Rio Grande do Sul 34%
Mato Grosso 21%
São Paulo 18%
Paraná 0%
Roraima 0%
Pará 0%
Bahia 2%
Minas Gerais 2%
Tocantins 3%
Ceará 5%
Goiás 15%

Fonte: Adaptado de ANP, 2009.

2. Gráfico de barras – Utilizado quando se deseja realizar comparativos entre variáveis, independentemente da escala de valores, como ilustrado no Gráfico 1.4.

Gráfico 1.4 – Exemplo do uso do gráfico de barras

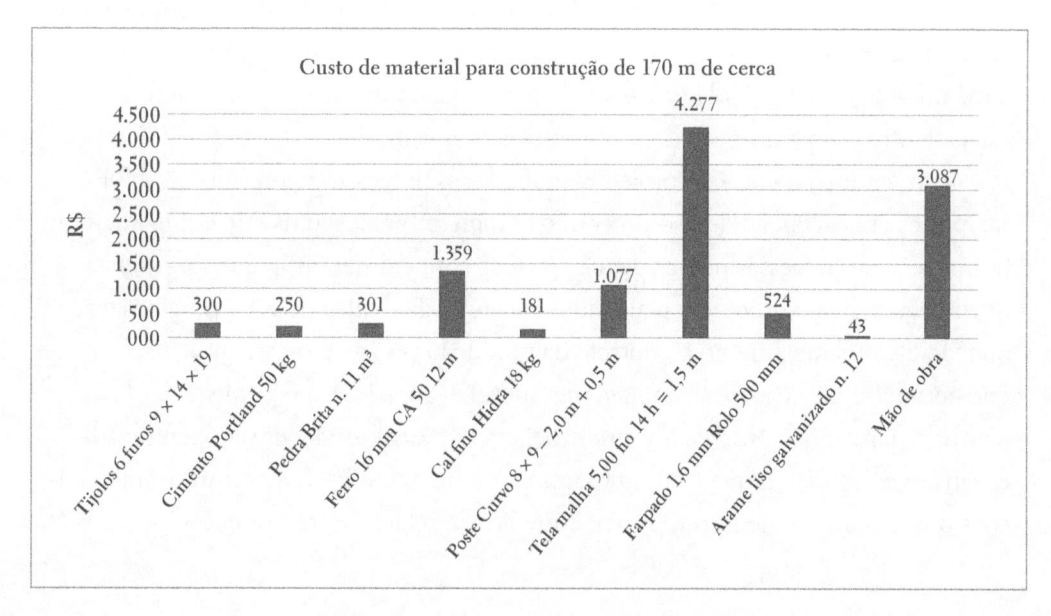

Custo de material para construção de 170 m de cerca

Material	R$
Tijolos 6 furos 9 × 14 × 19	300
Cimento Portland 50 kg	250
Pedra Brita n. 11 m³	301
Ferro 16 mm CA 50 12 m	1.359
Cal fino Hidra 18 kg	181
Poste Curvo 8 × 9 – 2,0 m + 0,5 m	1.077
Tela malha 5,00 fio 14 h = 1,5 m	4.277
Farpado 1,6 mm Rolo 500 mm	524
Arame liso galvanizado n. 12	43
Mão de obra	3.087

3. Gráfico de linhas – Utilizado para expressar a evolução (ou não) do comportamento de determinadas variáveis (cada uma representando uma linha) no decorrer do tempo. Ele pode ser visto no Gráfico 1.5, a seguir.

Gráfico 1.5 – Gráfico de linhas da produção de leite de janeiro a setembro de 2007

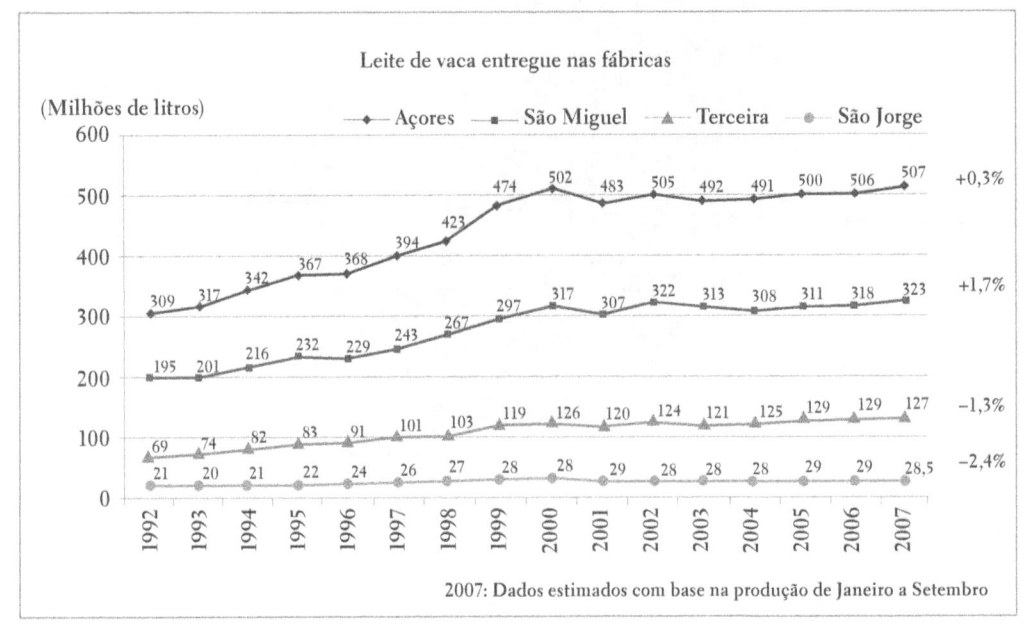

Fonte: Portugal, 2007.

Indicadores também fazem parte da fundamental atividade de processo de desenvolvimento de produtos (PDP). Já na fase de planejamento, os projetistas elaboram o projeto conceitual do produto, identificando todos os processos de fabricação dele, que envolve pessoas (e seus conhecimentos), equipamentos, cronograma e métodos de executar cada processo, de forma a garantir que o resultado final esteja dentro dos parâmetros definidos na fase conceitual.

Em seguida, na fase do projeto detalhado, os processos planejados no PDP são postos em execução de acordo com o escopo, os prazos, o uso de equipamentos, outros recursos necessários e as pessoas (e seus conhecimentos) para assegurar que a sequência de processos planejada seja efetuada dentro de uma programação que facilite o planejamento e controle da produção (PCP), em cada processo que compõe a fabricação, a montagem (ou execução, no caso de um serviço), o armazenamento, a entrega (ou finalização) etc. As informações são identificadas e transcritas no mapeamento dos processos, facilitando o PCP e as futuras intervenções processuais de melhoria, principalmente em relação a três aspectos:

1. Tempo – O monitoramento dos prazos (cronograma) de início e fim de cada processo é fundamental para assegurar o tempo de ciclo operacional de cada um, observando gargalos, processos críticos (aqueles que passam a demorar mais do que o planejado) e outras informações que ajudem a facilitar a identificação, a análise e a redução do tempo de ciclo de cada processo.
2. Qualidade – A implantação de indicadores de qualidade nos processos de PCP apoia o monitoramento, por meio dos dados de início e fim de atividades, uso correto de equipamentos e aplicação adequada de métodos; trata-se de um meio de controlar se o que se está executando está sendo feito da melhor forma (medindo, portanto, a sua eficiência) e se atende exatamente àquilo que é preciso em termos de metas (parâmetros e necessidades do cliente interno e/ou externo) mensurando, desse modo, a eficácia do processo.
3. Custo – A análise dos dados que formam o indicador de custos (energia, equipamentos, pessoas, métodos e outros) das atividades que compõem os processos auxilia na identificação, análise e aplicação de melhorias, e pode chegar a um ponto tal que redefina processos a fim de melhorar a eficácia financeira da produção.

De acordo com a cultura organizacional e o conjunto de metas estipuladas no PDP, cada empresa poderá adotar o aspecto (tempo, qualidade ou custo) de intervenção de melhoria nos seus indicadores conforme as prioridades e objetivos estratégicos. As informações (e os dados) passam a constituir elemento importante para identificação e aplicação de melhoria nos processos produtivos dela.

1.7
Modelagem de processos de negócio

A modelagem de processos de negócio (MPN) da empresa (setor/departamento) deve ser realizada sempre que oportunidades de melhoria forem identificadas, explicitando e aprimorando pontos fortes. O resultado visa apresentar alternativas de solução a problemas mapeados, cujas aplicação e desenvolvimento tenham o propósito de agir na direção de mudança, de melhorias, daí a adoção da metodologia em empresas.

Para modelar o negócio da empresa, o gerente deve ter três visões:
1. Visão de projetos – Preconizado pelo *Project Management Institute* (PMI, 2013), que apresenta os cinco grupos de processos (inicialização,

planejamento, execução, monitoramento ou controle e finalização ou encerramento), os quais são aplicados em cada uma das dez áreas de gerenciamento do conhecimento:

    a. Escopo;
    b. Tempo;
    c. Custos;
    d. Qualidade;
    e. Recursos humanos;
    f. Comunicações;
    g. Riscos;
    h. Aquisições;
    i. Partes interessadas; e
    j. Integração.

Toda essa integração das áreas de conhecimento se faz necessária para integrar a visão geral de um projeto ao gerente.

2. Visão de sistemas – Com conhecimento dos processos que transformam os insumos (entradas) em produtos (saídas) válidos ao sistema;
3. Visão do negócio – Com conhecimento de todos os recursos e atores que fazem do negócio um ambiente produtivo, com possibilidade de atingir os objetivos estratégicos definidos.

A capacidade do gerente em estabelecer sinergia entre as três visões lhe permitirá modelar e/ou redesenhar os processos e operações da empresa, com a escolha de um método de trabalho que flexibilize os seguintes pontos, entre outros:

- identificação dos macroprocessos de negócio;
- análise de viabilidade de custos;
- mapeamento de atividades e tarefas;
- análise de gargalos;
- simulação de processos;
- mapeamento de riscos;
- identificação de pontos de melhoria;
- levantamento de requisitos de tecnologia da informação (TI) com base em processos de negócio;
- implementação de alterações.

A base para a MPN é a aplicação do raciocínio evolutivo do gerente para definir e escolher uma estratégia para garantir a melhoria dos processos da empresa: no menor custo, no menor tempo e na melhor excelência operacional possível. Essa base tem a finalidade de dar sustentação à estratégia escolhida por ele, que buscará então manter os resultados e a excelência operacional de acordo com os objetivos e com o conjunto de metas operacionais dentro de um escopo de qualidade coerente com os processos do negócio e em dois pensamentos:

1. coordenação das estratégias às ações operacionais, agregando valor aos processos, evoluindo a qualidade por meio de programas de qualidade e melhoria de processos (sob a ótica de projetos); e
2. evolução do gerenciamento dos processos por meio de quatro fases[2]:
    a. implantação e desenvolvimento do programa de gerenciamento da qualidade total (*Total Quality Management* – TQM);
    b. reengenharia dos processos do negócio (*Business Process Reengineering* – BPR);
    c. projeto organizacional orientado a processos (*Process-Oriented Organization Design* – POOD);
    d. competição baseada em processos (*Process-Base Competition* – PBC).

[2] Estas técnicas não serão abordadas nesta obra, uma vez que não fazem parte do escopo dela.

As fases "a" e "b" objetivam melhorar a qualidade e reduzir o custo dos processos, ao passo que nas fases "c" e "d", a finalidade é organizar os processos internos da empresa de forma a simplificar a excelência operacional.

O método MPN enfatiza as mudanças no gerenciamento dos processos sob quatro aspectos gerenciais:

1. administração do desempenho, priorizando a criação e a agregação de valor aos processos organizacionais;
2. atualização de lideranças e das políticas organizacionais – criando responsabilidades e liberdade aos gerentes em todos os processos;
3. desenvolvimento de habilidades e competências, mediante adoção de uma cultura organizacional na qual empregados entendam (e compreendam) as estratégias e os objetivos da empresa, com capacidade de aprender e desenvolver os processos dela para atingir as metas individuais;
4. uso intenso de TI, dotando a empresa de métodos que administrem seus dados e informações funcionais.

A MPN também enfatiza o uso de indicadores para sinalizar ao gerente o grau de sucesso que as estratégias têm ao atingir os objetivos; tais indicadores ajudam no processo de monitoramento e controle das metas, com a finalidade de:

a. **Melhorar os processos** – A estratégia será boa quando os indicadores apresentarem o aumento do desempenho das metas estratégicas. Isso significa que a eficiência e a eficácia operacional são essenciais para o sucesso das estratégias, definindo uma posição competitiva no setor.

b. **Definir o mercado** – Os processos com elevado grau de excelência ampliam a margem de novos mercados, estendendo sua amplitude, selecionando aqueles que permitem maior retorno sobre os investimentos da empresa, definindo então o posicionamento competitivo para sua estratégia global.

1.8 Competitividade

Competitividade é uma característica ou capacidade de qualquer organização que cumpre sua missão com mais êxito do que a concorrência . Em uma visão de competitividade empresarial, ela é o fator que faz a organização obter rentabilidade igual ou superior aos competidores. Nesse sentido, se a produtividade é a capacidade de produzir mais satisfatoriamente (tanto bens quanto serviços) com menos recursos, o custo deve ser baixo, o que permite então que o preço de venda possa ser baixo (representando também menos encargos).

Ao buscar competitividade, as organizações formulam e adotam estratégias para se diferenciarem dos concorrentes, utilizando algumas estratégias:

a. focos que definam margens de lucro (competindo pelo preço);
b. percepção dos seus produtos (competindo pela qualidade);
c. adequação de seus produtos a um conjunto de clientes em específico (competindo então pela diferenciação do produto);
d. adequação da capacidade da empresa para melhor responder às mudanças ambientais (competindo pela flexibilidade);
e. rápida aplicação de melhorias nas operações, nos produtos e na forma ágil de interagir com seus clientes (focando na competição temporal).

Nessas diferentes estratégias que a organização pode adotar, verifica-se no mundo empresarial globalizado que erros comuns ainda são cometidos por gestores que não se atentam a detalhes como (Stevenson, 2001, p. 29):

- colocar ênfase no desempenho financeiro de curto prazo às custas de pesquisa e desenvolvimento;
- deixar de aproveitar os pontos fortes e oportunidades;
- deixar de reconhecer a ameaça da concorrência;
- não dar atenção à estratégia operacional;
- colocar ênfase no projeto do produto (bem ou serviço) e não o suficiente no projeto do processo;
- não investir em pessoal e capital;

- não investir em tecnologias;
- não adequar o estilo de gerenciamento;
- não estabelecer boas comunicações internas;
- não estabelecer cooperação entre áreas funcionais; e
- não levar em conta desejos e necessidades de clientes.

Em todos esses casos, a chave para atingir um elevado grau de competitividade é determinar o que os clientes realmente querem. Para isso, é necessário que perguntas sejam feitas – "O que os clientes desejam?", "O que significa valor para eles?" – e que se busque direcionar esforços empresariais para atender tais expectativas, cuja relação (já apresentada neste capítulo) refere-se a:

$$valor = \frac{função}{custo}$$

ou

$$valor = \frac{aquilo\ que\ se\ obtém}{custo}$$

ou

$$valor = \frac{desempenho}{custo}$$

ou

$$valor = \frac{qualidade + velocidade + flexibilidade}{custo}$$

ou

$$valor = \frac{p1 \times qualidade + p2 \times velocidade + p3 \times flexibilidade}{custo}$$

[3] p1, p2, p3 são fatores (ou pesos) diferenciados, que podem ser ponderados de acordo com o processo ou importância.

Quem avalia o produto (bem ou serviço) é o cliente, pelo desempenho prometido, o qual é medido por diversos fatores que ele compara em relação ao preço (ou custo). De forma que aquilo que é mais importante difere, dependendo da natureza do produto (bem ou serviço) e, evidentemente, do tipo de cliente (tipo da definição de "valor").

Nesse modelo, a diferenciação do produto é incluída como parte integrante da qualidade, e em certas circunstâncias o fator qualidade pode ser mais (ou menos) importante que outros, como velocidade e flexibilidade. Quem deve **ponderar** cada fator de desempenho de acordo com a sua importância é o gestor da organização.

O Quadro 1.6 apresenta algumas estratégias de qualidade que podem ser definidas pelos gestores e as respectivas estratégias de competitividade que agregam valor.

Quadro 1.6 – Estratégias de qualidade e de produtividade para apoiar estratégias de competitividade

Estratégias da qualidade	Estratégias da produtividade
Ouvir o cliente	Controlar os custos
Atender às expectativas do cliente	Combater desperdícios
Seguir padrões	Utilizar a criatividade para melhoria contínua
Solucionar rapidamente os problemas	Produzir mais com os mesmos recursos
Acompanhar e melhorar o desempenho	Organizar o trabalho (trabalhos em equipe)

O Quadro 1.7 apresenta os beneficiários das vantagens que se podem obter ao utilizar produtividade com qualidade:

Quadro 1.7 – Vantagens de manter o foco da qualidade na produtividade

Foco da qualidade na produtividade	Vantagem
Tudo efetuado no prazo, na especificação correta, no preço combinado agrega oportunidades de melhoria à empresa	Para o cliente
Padronização de produção e serviços, organização, controle, solidez e visibilidade	Para a empresa
Confiabilidade, segurança, ambiente saudável, integração, controle, aperfeiçoamento individual	Para o profissional
Solidez, lucratividade, competitividade, geração de empregos	Para a empresa

Quando empresas competitivas estão concorrendo no mesmo nível de evolução, fica claro que conseguiram aplicar adequadamente as práticas de gestão e que seus modelos são evidenciados em toda a organização, na conduta e no modelo de trabalhar com/em suas equipes. Nesse sentido, a Figura 1.5 apresenta os elementos que as empresas precisam focar para manter a competitividade.

Figura 1.5 – Elementos fundamentais para manutenção da competitividade

Diagrama com o círculo central "Competitividade" rodeado por oito círculos: Gestão dos processos internos; Benchmarking; Adoção do lean manufacturing (produção enxuta); Efetuar planejamento estratégico (e revisá-lo sistematicamente); Ouvir o cliente; Gestão de manutenção (preventiva e corretiva); Gestão de energia; Adotar sistemas de informações de gestão.

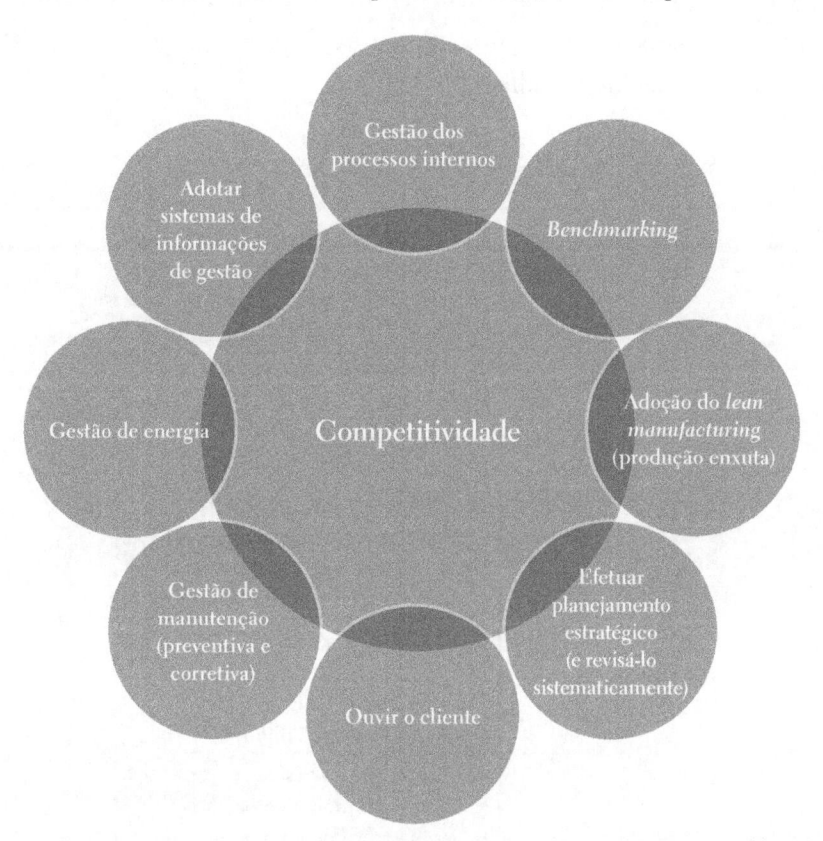

Para auxiliar empresas do mundo inteiro no tema *competitividade*, existe o International Institute for Management Development (IMD), com sede em Lausanne, Suíça, e que promove educação de executivos nessa área. Atualmente existe o *Global Meeting Place*, também na Suíça, que procura identificar e premiar os melhores aprendizes no que chamam de *real world learning*.

O IMD *World Competitiveness Yearbook* (WCY) é o mais renomado relatório anual, que faz o ranking e analisa como as nações criam ambientes competitivos sustentáveis para suas empresas.

IMD. **World Competitiveness Center**. Disponível em: <http://www.imd.org/research/publications/wcy>. Acesso em: 24 ago. 2015.

Os fatores que o IMD utiliza para definir os parâmetros de competitividade levam em conta o tipo de autor envolvido nos processos, bem como os subfatores, conforme apresentado no Quadro 1.8.

Quadro 1.8 – Atores e subfatores adotados pelo IMD

Atores	Subfatores
Performance econômica	<ul><li>Economia doméstica</li><li>Negociações internacionais</li><li>Investimentos internacionais</li><li>Empregabilidade</li><li>Preços</li></ul>
Eficiência governamental	<ul><li>Finanças públicas</li><li>Política fiscal</li><li>*Framework* institucional</li><li>Legislação dos negócios</li><li>*Framework* societário</li></ul>
Eficiência nas negociações	<ul><li>Produtividade</li><li>Finanças</li><li>Práticas de gerenciamento</li><li>Atitudes e valores</li><li>Mercado de trabalho</li></ul>
Infraestrutura	<ul><li>Infraestrutura básica</li><li>Infraestrutura tecnológica</li><li>Infraestrutura científica</li><li>Saúde e meio ambiente</li><li>Educação</li></ul>

Fonte: IMD..., 2015.

No Brasil, o representante do IMD é a Fundação Dom Cabral (Dom Cabral Foundation), com sede em Minas Gerais, denominada "Innovation and Competitiveness Centre".

1.9
Mapeamento

Para Ferreira (2010, p. 1334), mapear significa "fazer ou levantar o mapa de [...]; fazer o levantamento dos dados, das características, da ocorrência de [...]". A complementação do verbo é expandida quando apresenta o significado de mapeamento como "ato, processo ou efeito de mapear", e tem o mesmo significado de mapear, quando afirma que mapeamento é "fazer o levantamento dos dados, das características, da ocorrência de [...]".

Para Houaiss e Villar (2009, p. 1240), mapear significa "representar em mapa; fazer o mapa de". Eles apresentam também o conceito do significado de mapeamento como "ato ou efeito de mapear".

Conceitualmente, mapear é um ato, um efeito, derivado de processos que devem ser entendidos como uma ferramenta administrativa, portanto de gestão, que tem por finalidade identificar um conjunto de atividades (portanto de tarefas, e a estas, ações) e descrevê-las (graficamente ou subjetivamente) de forma a visualizar e a entender o funcionamento de cada processo. Uma vez descrito, o resultado permitirá aplicar melhorias ao processo existente ou implementar uma nova forma e estrutura ao seu funcionamento.

De acordo com Elias, Oliveira e Tubino (2011, p. 2):

> O ato de realizar o mapeamento de processo(s) torna-se uma ferramenta de comunicação, planejamento e gerenciamento de mudanças, que direciona as tomadas de decisões relacionadas ao fluxo dos elementos que estão no(s) processo(s), possibilitando ganhos em indicadores de qualidade e produtividade interessantes.
>
> O mapeamento dos processos permite ao gestor enxergar diversos pontos que interferem no funcionamento do processo: positivos (fortes), negativos (fracos), de gargalo (críticos), de retrabalho, de alto custo, de demora, de falhas, de ociosidade e outros. Isso facilita a implementação de melhorias e de reestruturação para aumento do desempenho e do retorno sobre os ativos aplicados ao processo.

Semelhantemente, possibilita a aplicação de melhorias nos processos mapeados (baseadas nos conceitos e técnicas de melhorias e de qualidade), permitindo documentar os passos que irão corrigir erros ou problemas, detectando atividades, de forma individual ou em grupo, que agregam valor ao produto e também as que não agregam valor como deveriam.

Quando a pessoa estiver realizando seu trabalho, ela o fará no sentido de contribuir para que a empresa atinja seus objetivos. A premissa é sempre executá-lo da melhor forma (**eficiência**), de modo a cumprir e atingir as metas individuais (**eficácia**) no decorrer de todo o tempo que estiver responsável pela função (**efetividade**).

Para garantir que atividades sejam sempre bem executadas – como parte integrante das estratégias, objetivos e metas definidos pela empresa –, o mapeamento do processo é uma ferramenta que engloba e descreve todas elas, no sentido de fazer com que sejam desenvolvidas, indicando a sequência lógica de cada uma dentro do processo.

O resultado de um mapeamento de processos é um documento que apresenta a descrição (geralmente gráfica, pois alguns a fazem subjetivamente) de cada objeto, ator ou elemento que interage dentro de cada sistema, identificando o conjunto de atividades e suas interfaces, que pode seguir, por exemplo, os passos para modelar suas informações.

Dezoito passos são identificados como relevantes para modelar um mapeamento de processo:

1. Defina o nome do processo;
2. Identifique os objetivos do processo;
3. Defina o nível de detalhes/informações do processo;
4. Identifique os insumos (entradas – *inputs*) do processo;
5. Identifique as necessidades do cliente;
6. Identifique os clientes do processo;
7. Identifique os componentes do processo (necessários para realizar transformações);
8. Determine os limites do processo (fronteiras, onde começa e onde termina);
9. Identifique as saídas do processo (qual o resultado);
10. Identifique os fornecedores do processo;
11. Defina as formas de controle do processo;
12. Descubra e defina qual a documentação do processo atual;
13. Identifique possíveis erros do processo;
14. Identifique as melhorias necessárias ao processo;
15. Procure o consenso das melhorias ao processo;
16. Verifique e valide o processo revisado;
17. Documente o processo revisado;
18. Apresente/divulgue o processo mapeado.

Basicamente deve-se pensar em três grandes **grupos de etapas** para modelar um mapeamento de processos:

- Etapa 1 – Identifique o processo a ser mapeado. Essa é a primeira atitude ao iniciar o mapeamento. Nela definem-se os passos 1 ao 12, uma vez que fornecem subsídios suficientes para o começo do trabalho, com ou sem apoio de um *software*.

- Etapa 2 – Defina o nível de detalhamento que será adotado para mapear o processo. Essa etapa implica a decomposição da relevância das informações e do seu fluxo, de forma que permita seu entendimento. Isso envolve a sequência de passos 1 até 14.
- Etapa 3 – Valide o processo mapeado de forma que todos os envolvidos tenham a compreensão da identificação dos anteriores, dos erros e/ou gargalos; a aplicação dos métodos de melhoria; e o consenso dos participantes no novo processo. Isso envolve os passos 15 a 18, finalizando a modelagem do novo processo e sua divulgação.

1.10
Melhoria de processos

Melhoria de processos sugere a melhoria da qualidade na execução deles; por isso, devem sofrer intervenções no sentido de se promoverem mudanças de forma que aumentem sua qualidade produtiva, seja pela eficiência da aplicação do tempo e do uso dos recursos humanos, seja pela eficácia em atingir as metas com menor desperdício e custo.

Pensando nesses elementos, Shingo (1996) propôs cinco estágios que ajudam a promover mudanças nos processos em prol do aumento da qualidade:

1. Inicialmente os gerentes devem ter uma nova maneira de pensar, o que chamou de "estágio preliminar". Nessa fase, o processo é identificado e avaliado de forma geral, promovendo entendimento e esclarecimento dele, a fim de abstraírem uma visão holística do seu ciclo de funcionamento operacional;
2. Em seguida, os problemas do processo devem ser identificados, principalmente quanto aos seguintes fatores:
    a. observar as máquinas e descobrir seus problemas e os que as pessoas têm ao operá-las (máquinas são iguais, pessoas são diferentes!);
    b. tentar reduzir os defeitos a zero;
    c. analisar as operações comuns a produtos diferentes, procurando diminuir custos;
    d. procurar e identificar esses problemas.
3. Os conceitos básicos precisam ser definidos com vistas às melhorias propostas;
4. O gestor planeja quais melhorias serão empregadas;
5. As melhorias são implementadas nos processos produtivos.

Massai Imai introduziu, a partir de 1986, o termo *Kaizen* (*Kai* – modificar – e *Zen* – para melhor) com o objetivo de descrever um método associado à melhoria contínua dos processos e produtos. Inicialmente foi considerada mais uma filosofia organizacional e comportamental, pois enfatiza essencialmente que não deve haver um único dia sem alguma espécie de melhoria ou motivos que esfriam as ações sugeridas para combater o modismo.

O *Kaizen* como filosofia gerencial é mais amplo que a gestão pela qualidade total, pois inclui a melhoria contínua dos gerentes e dos operários em todos os aspectos da vida produtiva na organização. Portanto, como tal, pode ser aplicada em partes específicas da empresa, como:

- *Kaizen de projeto* – Desenvolver novos conceitos para novos produtos.
- *Kaizen de planejamento* – Desenvolver um sistema de planejamento.
- *Kaizen de produção* – Desenvolver ações que visem a eliminar desperdícios no chão de fábrica.

O conceito de melhoria de processos engloba diversas técnicas, entre elas:

- gestão da qualidade total;
- melhoria contínua da qualidade;
- JIT;
- 5S – *housekeeping*;
- *Total Productive Maintenance* (TPM);
- *poka-yoke*;
- projeto de novos produtos;
- manufatura zero defeitos (*kanban*);
- círculos da qualidade;
- parcerias cliente-fornecedor;
- *Single Minute Exchange of Dies* (SMED);
- orientação aos consumidores;
- grupos autônomos.

–Síntese

Como proposto, este capítulo teve o intuito de identificar conhecimentos iniciais que são fundamentais para a compreensão de toda a reflexão proposta nesta obra. Foram apresentados os conceitos de eficiência operacional. Esta para ser alcançada, conta com técnicas de mapeamento de processos que ajudam a identificar pontos de melhoria para a empresa. Da mesma forma, foram inseridos as percepções e definições de *produto* (sob a ótica de vários autores que estudam o assunto) e seu ciclo de vida, composto pelas fases de introdução, crescimento, maturidade e declínio, relacionando esses aspectos à necessidade de desenvolver e aprimorar processos junto aos produtos, sejam eles bens, sejam serviços.

O conceito de *processo* também foi abordado, de modo que você possa entender e compreender como se classificam e se desdobram processos e procedimentos operacionais em uma empresa, geralmente categorizados sob a ótica do cliente, da organização e da gerência empresarial. Foram apresentamos também aspectos relativos à produção, seus tipos e como se dá o processo de produzir bens e serviços. Sob a dimensão da modelagem, os modelos de produção foram definidos para que o leitor possa contextualizar a sintonia existente entre os setores de produção e comercial.

Para acompanhar a produção, explicamos o conceito de conhecimento agregado aos sistemas produtivos, que devem culminar com a produtividade e a forma de monitorá-la, e uma das formas é a utilização de indicadores que permitem o controle do desempenho da produção. No que se refere aos indicadores, foram destacados os elementos que devem ser considerados ao construir um indicador, além de exemplos de onde podem ser aplicados.

Foi dissertado como entender a competitividade e a sua relação com a produtividade e a necessidade de mapeamento de processos, resultando em uma lista com sugestões que um bom mapeamento de processos deve contemplar como elementos estruturantes, bem como informações que o compõem.

Questões para revisão

1. Qual o conceito de produto?

2. Quais são as fases do ciclo de vida de um produto? Explique-as.

3. Analise as afirmativas abaixo, que versam sobre o conceito de processo, e assinale a única alternativa correta:

    a) Processo é um conjunto finito, sequencial e ordenado de passos que devem ser executados para transformar um insumo (uma entrada) em algo útil (uma saída), válido, que atenda a especificações previamente definidas (parâmetros, dimensões, prazos etc. A responsabilidade da execução dele cabe a cada ator a ele associado, seja pessoa, seja máquina, respeitando o nível de suas atividades, sendo colaborativo e orientado ao cliente final, comum ao processo, ou ao produto, ou ao serviço.

    b) Processo é a "maneira pela qual se realiza uma operação, segundo determinada norma; método ou técnica".

c) Processo é uma "ação continuada, realização contínua e prolongada de alguma atividade; seguimento, curso, decurso, [...] uma sequência continuada de fatos ou operações que apresentam certa unidade ou que se reproduzem com certa regularidade, andamento, maneira, procedimento; [...] modo de fazer alguma coisa; método, maneira".
d) Processo refere-se ao fluxo de produtos de um trabalhador para outro, ou seja, os estágios pelos quais a matéria-prima se move até se tornar um produto acabado.
e) Todas as afirmativas anteriores estão corretas.

4. Analise as afirmativas a seguir, que versam sobre as características que um processo deve apresentar, e assinale a alternativa **incorreta**:
   a) Organização semiestruturada, com baixa sinergia (trocas) entre as atividades que o compõem, visto que o cliente não faz parte do processo de produção de bens.
   b) Entradas válidas (tangíveis, como produtos e relatórios; ou intangíveis, como decisões, pedidos, demandas e ordens).
   c) Desempenho global, ou seja, o conceito medido da forma como ele se comportou em cada atividade, servindo de referência para ajustes quanto ao objetivo do processo.
   d) Fatores de desempenho sobre as atividades ou coordenação do processo, definidos como ponto crítico, tendo reflexão sobre a gestão econômica;
   e) Temporalidade mensurável, ou seja, a gestão do tempo ou cronograma desde que ele é iniciado (aberto) até ser finalizado (entregue).

5. O conceito de *melhoria de processos* engloba diversas técnicas. Analise as alternativas a seguir:
   I. Gestão da qualidade total.
   II. Melhoria contínua da qualidade.
   III. JIT.
   IV. 5S – *housekeeping*.
   V. Projeto de novos produtos.

   Assinale a alternativa correta:
   a) Estão corretas as afirmativas I e III.
   b) Estão corretas as afirmativas I, II e IV.
   c) Estão corretas as afirmativas II, III e IV.
   d) Estão corretas as afirmativas II, III, IV e V.
   e) Estão corretas as afirmativas I, II, III, IV e V.

Questões para reflexão

1. Com base em Stevenson (2001), você poderia apresentar os principais elementos que compõem os erros mais comuns que ainda são cometidos por gestores das empresas, que não se atentam a detalhes para garantir a competitividade da empresa?

2. A modelagem de processos do negócio (MPN) enfatiza o uso de indicadores para sinalizar ao gerente o grau de sucesso que as estratégias possuem ao atingir seus objetivos. Você poderia apresentar qual é a finalidade de utilizar indicadores como ferramenta de monitoramento e controle estratégico?

3. Um gerente deve ter a capacidade de realizar a sinergia entre três visões que lhe permitirão modelar ou redesenhar os processos e procedimentos da empresa, com a escolha de um método de trabalho que flexibilize a identificação dos macroprocessos de negócio; a análise de viabilidade de custos; o mapeamento de atividades e tarefas; a análise de gargalos; a simulação de processos; o mapeamento de riscos; a identificação de pontos de melhoria; o levantamento de requisitos de TI com base em processos de negócio; e a implementação de alterações; entre outros. De forma a modelar o negócio da empresa, você, como gerente, deve agir com base nas três visões. Quais são elas?

Para saber mais

Acesse a internet e pesquise sobre *knowledge-based economy*. Esse tema norteia a contratação de novos gestores nas empresas globalizadas e que defendem a produtividade aliada a um pensamento sistêmico de conhecimento no seu sistema de produção. O *site* da Coordenação de Aperfeiçoamento de Pessoal de Nível Superior Capes oferece uma série de periódicos.

Leia, estude e amplie seus conhecimentos sobre indicadores, ferramentas de gestão e melhores práticas, além de ter acesso a vários artigos e notícias sobre esses temas no *site* Biblioteca de Indicadores.

capítulo 2

Conteúdos do capítulo

- Conceitos e elementos que compõem o mapeamento de processos.
- Técnicas para mapear processos.
- Modelo conceitual 5W2H/7W3H.
- Teoria das restrições.
- Princípios do *Six Sigma* no mapeamento de processos.

Após o estudo deste capítulo, você será capaz de:

1. compreender os elementos que formam o mapeamento de processos;
2. compreender a importância de mapear processos;
3. identificar os conceitos das principais técnicas de mapeamento de processos;
4. aplicar o modelo conceitual 5W2H/7W3H;
5. identificar os princípios do *Six Sigma* no mapeamento de processos;
6. identificar métodos que melhor se aplicam no mapeamento de processos.

Mapeamento de processos

O mapeamento de processos é uma ferramenta gerencial essencial na organização. Em decorrência da importância desse recurso, serão tratadas neste capítulo as responsabilidades do gestor no gerenciamento de sistemas e atividades, bem como as técnicas utilizadas no mapeamento de processos.

2.1 Incumbências do gestor no gerenciamento de processos

Quando um profissional recebe a incumbência de gerenciar processos, imediatamente deve se preocupar em desempenhar, da melhor forma, as funções inerentes ao cargo/posto assumido. Portanto, é necessário que conheça os conceitos básicos envolvidos e as técnicas e ferramentas utilizadas na função de gestor a fim de coordenar de modo adequado os trabalhos dos colaboradores. O gestor pode nortear seu trabalho basicamente sob cinco premissas:

1. conhecer como os processos devem ser executados (entradas e saídas);
2. gerenciar todas as atividades, identificando e difundindo os padrões exigidos pela produção e execução de cada processo;
3. monitorar os processos;
4. promover a melhoria contínua dos processos;
5. promover o desenvolvimento do aprendizado das pessoas envolvidas.

A combinação dessas premissas auxilia o trabalho do gestor no que concerne à elaboração de **soluções para o aperfeiçoamento da produção** sob a ótica do produto (bem ou serviço) e no que se refere ao desenvolvimento de **ações que interferem na produção** sob a ótica de processos. Essa postura de trabalho permite ao gestor:

- alinhar os objetivos à estratégia da organização, ou seja, ajudar a orientar as diretrizes da empresa de modo que esta possa atingir as metas desenhadas, tanto na estrutura organizacional (cultura, valores, princípios, intelectos, relacionamentos, máquinas etc.) quanto nos processos;
- ajustar os objetivos da empresa (ou do setor) às expectativas dos clientes (internos e externos);
- facilitar a flexibilidade da estrutura organizacional para a produção;
- promover o controle do fluxo de trabalho das equipes (*workflow* e princípios de governança), aliado a recompensas, melhorando o estilo comportamental das pessoas, o que promoverá melhoria no desempenho e cultura;
- compartilhar a visão funcional da empresa, facilitando o desenvolvimento da integração pessoal e a fixação da cultura organizacional;
- adotar o estilo de liderança focado nas pessoas, nos objetivos estratégicos e nas mudanças necessárias para aumentar a competitividade empresarial;
- facilitar o uso intenso de tecnologias (de informação e equipamentos) integrado aos processos, promovendo o desenvolvimento das habilidades e competências pessoais de cada integrante do processo; e
- relacionar indicadores de desempenho e de comportamento aos padrões dos objetivos estratégicos.

Para facilitar a **identificação de erros em cada processo**, o gestor deverá:

- verificar o padrão de cada elemento que compõe o *input* do processo, monitorando se está dentro das conformidades e dos padrões exigidos;
- acompanhar os resultados da transformação dos *inputs* do processo, mediante uso de indicadores e conferência com os padrões previamente estabelecidos (em que se faz uso intenso de indicadores);
- acompanhar, por meio de monitoramento, as reclamações dos clientes internos e externos do processo;
- observar e entrevistar pessoas envolvidas no processo (uso intenso de *brainstorming* e *brainwriting*);
- realizar auditoria interna (mais rápida e fácil);
- realizar auditoria externa (mais demorada e difícil);
- desenvolver um estilo de percepção do comportamento das pessoas envolvidas no processo (alguns chamam isso de "experiência de campo").

De acordo com Paim et al. (2009, p. 124-131), a gestão de processos, conforme a **atuação do gerente**, é comumente classificada em três tipos:

1. Gestão completamente funcional – É o caso em que o escritório é responsável pelo ciclo de vida do desenho (desenvolvimento) do processo. Tem as seguintes características: existência de "silos" funcionais; baixa orientação para o mercado a que atende; objetivos departamentais; indivíduos que apresentam as competências para seus "silos" (não se envolvem com outros departamentos e nem querem, pois recompensas, promoções e salários são departamentalizados); monitoramento e avaliação de resultados dentro de cada "silo"; inexistência de um processo que coordene a integração dos processos como um todo; definição e distribuição de orçamento para aplicação sem considerar outros processos; documentação de cada conjunto de atividades é de responsabilidade de cada "silo", por isso as necessidades e oportunidades de melhoria estão nos departamentos e não nos processos, que são pouco entendidos.

2. Gestão funcional para processos transversais – É o caso em que as atividades são centradas nas especializações dos colaboradores, e não nos processos em si. Existe uma conexão de processos por toda a organização, facilitada pelo uso de tecnologias de informação e pela cultura organizacional baseada em lógicas multifuncionais; ela é mais orientada para o cliente externo. Nesse tipo de atuação, ainda existe uma estrutura organizacional hierárquica das responsabilidades e das relações de subordinação, mas com uma estrutura de processos e visão dinâmica facilitada pela comunicação entre os departamentos, de modo que a função do gerente é a de interface das ações e das funcionalidades dos processos, e os colaboradores podem tomar as próprias decisões. Essas características reforçam a integração entre departamentos, facilitam o monitoramento e a avaliação de processos (e não de departamentos), ampliam responsabilidades pelos processos transversais, com foco no processo e no cliente, estendendo a cultura organizacional baseada na lógica funcional.

3. Gestão completamente processual – É o caso em que a ênfase está na importância do eixo gerencial, e não do eixo funcional (por departamentos), e na qual a organização é vista de maneira horizontal. Entre as características desse tipo de gestão destaca-se a interação com o cliente como foco das demandas de prazo, custo, qualidade dos processos e qualidade do produto (bem ou serviço). Os colaboradores trabalham para o processo geral, identificando, analisando e promovendo melhorias em grupo. Essa postura é auxiliada por meio da definição de objetivos gerais e metas

específicas, integração de equipes e recompensas (benefícios e salários), baseadas na melhoria dos processos – e não da função de cada um. Além dessas questões, a definição de quais informações, apoiadas por tecnologias, podem ser repassadas e direcionadas a quem de direito, sem necessidade de passar por filtros hierárquicos. Todos esses fatores são integrados de forma a criar grupos de interprocessos que interagem multifuncionalmente pelas suas especializações.

2.2 Técnicas para mapear processos

As técnicas que um gestor de processos pode utilizar para realizar o mapeamento de processos e que estão em destaque no mundo corporativo são:

- reuniões e *workshops*, como *brainstorming* e *brainwriting*, em que se objetiva obter opinião, sugestão ou ideias inovadoras, criativas e espontâneas sobre os processos por parte das pessoas que interagem com eles;
- desenvolvimento e aplicação de questionários para coleta de dados e informações sobre processos;
- observação do processo em campo: entradas, métodos, controles e mecanismos de transformação;
- análise da documentação dos processos;
- desenvolvimento e aplicação de um sistema de indicadores para coleta de dados e informações (evidências) dos processos;
- uso do diagrama de blocos;
- uso do fluxograma;
- mapeamento do fluxo do valor (MFV);
- desenvolvimento e aplicação do *blueprinting*;
- desenvolvimento e aplicação do Sipoc[1];
- desenvolvimento e aplicação do Idef[2].

A seguir, serão apresentadas as principais características de cada técnica que pode ser utilizada para auxiliar no mapeamento dos processos.

2.2.1 Diagrama de blocos

O diagrama de blocos é usualmente utilizado para a compreensão de um sistema complexo, que é então, nessa técnica, decomposto em subsistemas menores, mais simples, com ligações representadas por fluxos que simbolizam a comunicação entre essas ramificações.

---

1 *Supplier, Input, Process, Output, Customer.*

2 *Integration Definition.*

Um diagrama de blocos utiliza uma série de **símbolos gráficos** para identificar o fluxo lógico de um sistema de forma mais geral e completa possível, cujo resultado deve ser a representação gráfica de "como o sistema é", mostrando entradas, transformações, fluxos e saídas.

Inicialmente o gestor deve conhecer os conceitos do negócio, procurar compreender o que é(são) o(s) processo(s) que compõe(m) o sistema como um todo e, depois, como esse sistema funciona, identificando suas entradas, o método que as transforma em saídas válidas e os atores que interagem com esse sistema. São componentes – elementos – que fazem parte do sistema e que, a qualquer instante, podem modificar seu princípio funcional mediante eventos ou controles temporais.

Um mapeamento de processos por meio de um diagrama de blocos começa com a representação de um estado inicial e, a partir da representação dos fluxos lógicos de dados/informações, liga-se à descrição de todo o sistema por meio da sequência operacional dos subprocessos. O objetivo é comunicar a ordem lógica do fluxo das informações entre os níveis do sistema, mapeando-os e explicando sua sequência funcional com uma sintaxe que descreva essas relações.

A Figura 2.1 a seguir ilustra como são representados graficamente os símbolos de um diagrama de blocos.

Figura 2.1 – Símbolos de um diagrama de blocos

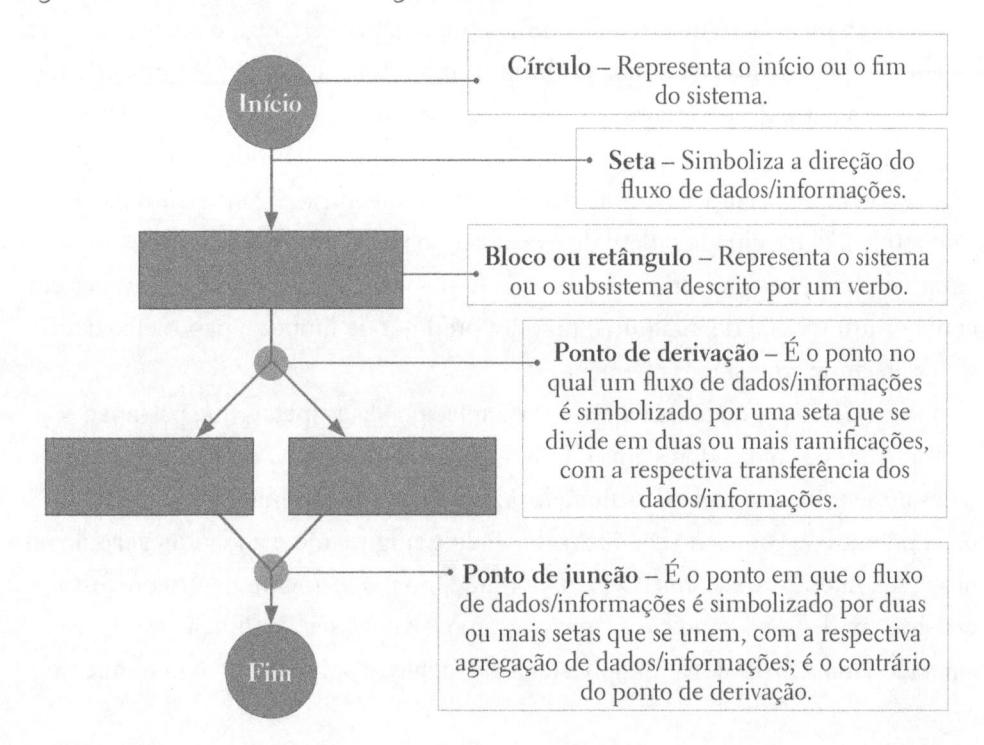

Círculo – Representa o início ou o fim do sistema.

Seta – Simboliza a direção do fluxo de dados/informações.

Bloco ou retângulo – Representa o sistema ou o subsistema descrito por um verbo.

Ponto de derivação – É o ponto no qual um fluxo de dados/informações é simbolizado por uma seta que se divide em duas ou mais ramificações, com a respectiva transferência dos dados/informações.

Ponto de junção – É o ponto em que o fluxo de dados/informações é simbolizado por duas ou mais setas que se unem, com a respectiva agregação de dados/informações; é o contrário do ponto de derivação.

A técnica do diagrama de blocos deve considerar três questões principais:
1. Cada retângulo representa um processo cuja operação (o que ele faz, executa) deve ser descrito por meio de um verbo que exprima ação.
2. Com o uso de setas, dirige-se o princípio funcional do mapeamento dos processos, indicando a ordem pela qual as ações geram resultados e/ou dados/informações para o processo seguinte.
3. As descrições contidas nas etapas 1 e 2 são repetidas até que o sistema (ou o processo em questão) finalize, apresentando um resultado (entrega) ao cliente do sistema/processo.

O mapeamento dos processos por meio do diagrama de blocos possibilita à equipe gestora os seguintes aspectos positivos:
- exposição dos macroprocessos da organização;
- apresentação do fluxo de trabalho;
- padronização da sequência organizacional da execução dos processos;
- definição da lógica funcional;
- visualização dos processos;
- melhor compreensão e entendimento do fluxo organizacional dos processos; e
- possível inclusão de detalhes sejam adicionados ao fluxo da produção.

Pense no seguinte exemplo: uma empresa que atua no segmento de lavagem de carros conhecida como Lava Car tem como objetivo estratégico receber veículos de clientes pela manhã e entregá-los limpos ao fim do dia. Ao mapear um sistema em que um carro deva ser lavado, secado e entregue limpo, o gestor da empresa deve entender o sistema e seu funcionamento, bem como considerar que o objetivo de cada um dos processos (de recebimento, lavagem, secagem e entrega) seja submetido a determinada ordem de execução, sob o controle de determinado tempo destinado ao cumprimento de cada fase operacional. Devem ser levados em conta os insumos (água, máquina, pessoas, produtos de limpeza, panos etc.) necessários ao cumprimento das operações.

Essa definição clara de objetivos está relacionada às metas, que passam a ser monitoradas por indicadores a fim de se verificar se realmente estão sendo executadas de acordo com o plano elaborado. Caso algum erro, falha, demora, dificuldade ou outro evento apareça, é caracterizado o surgimento e a identificação de um problema interno ao sistema. O foco, portanto, no mapeamento de um processo, consiste em definir "como ele é", e não "como ele deve ser" (definição esta que caracterizaria a melhoria a ser aplicada a ele, o que não é o objetivo no momento).

Na Figura 2.2 está ilustrada a técnica do diagrama de blocos aplicada no processo da Lava Car, conforme exemplo citado anteriormente.

Figura 2.2 – Diagrama de blocos mapeando processos da Lava Car

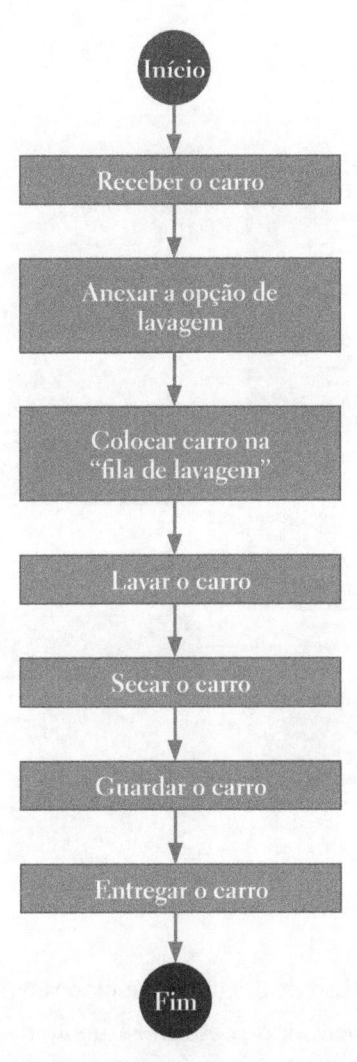

Outro exemplo, mais teórico, é o mapeamento do processo para cálculo da mediana de um rol de dados. Ele se inicia com o gestor obtendo o conhecimento dos dois conceitos envolvidos. *Rol de dados* é um conjunto de dados (números, letras etc.) que sofreu algum tipo de tratamento, como uma ordenação crescente ou decrescente. *Mediana* é o método estatístico que calcula o elemento central de um rol de dados apresentado por dois passos: 1) ordenar a lista; e 2) escolher o elemento central (se a lista contar com um número ímpar de elementos) ou calcular a média dos dois elementos centrais (se a lista tiver um número par de elementos).

A representação gráfica do mapeamento do cálculo da mediana de um rol de dados pode ser expressa por um diagrama de blocos, conforme ilustrado na Figura 2.3.

Figura 2.3 – Exemplo de diagrama de blocos para cálculo da mediana

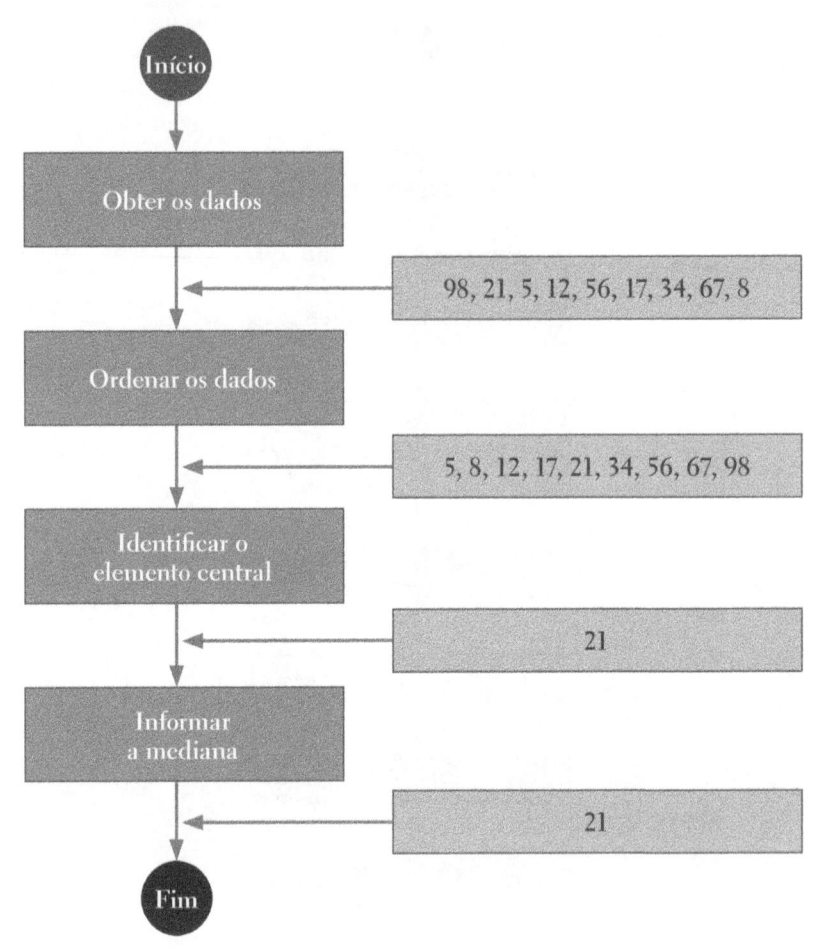

```
Início
  ↓
Obter os dados  ← 98, 21, 5, 12, 56, 17, 34, 67, 8
  ↓
Ordenar os dados  ← 5, 8, 12, 17, 21, 34, 56, 67, 98
  ↓
Identificar o elemento central  ← 21
  ↓
Informar a mediana  ← 21
  ↓
Fim
```

Mais um exemplo do uso de diagrama de blocos é o caso em que um agricultor deseja mapear os processos de desenvolvimento de pomares de sementes. O diagrama de blocos desses processos está evidenciado na Figura 2.4.

Figura 2.4 – Diagrama de blocos para mapeamento de desenvolvimento de pomares de sementes

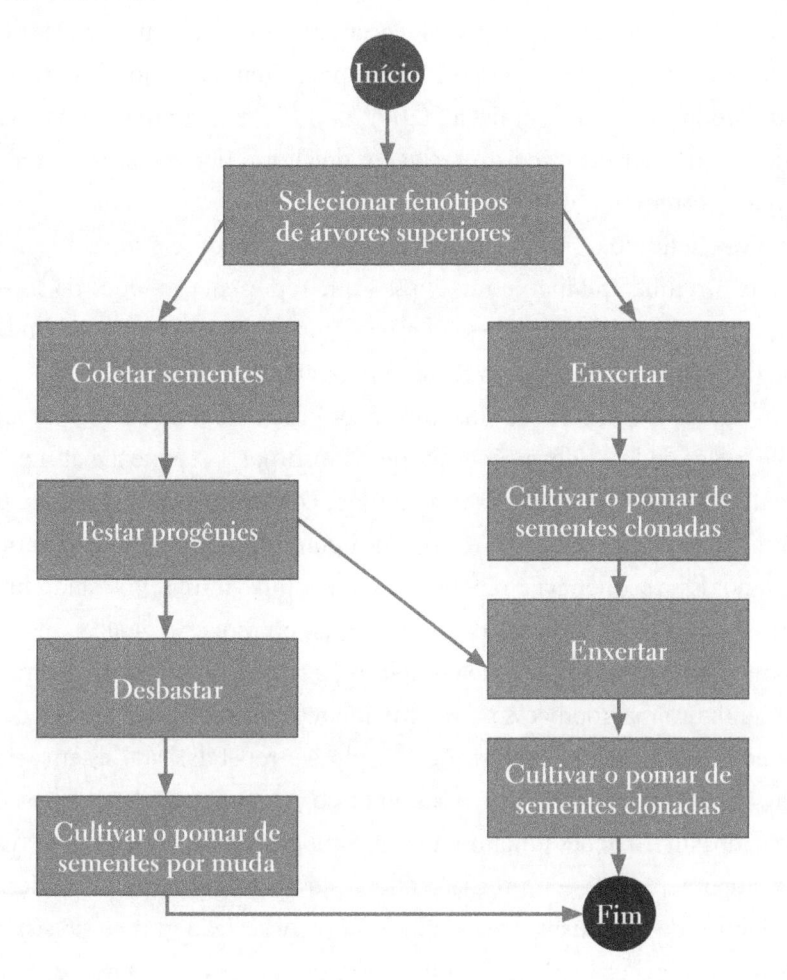

2.2.2 Fluxograma

O fluxograma, também conhecido como *flowchart*, é uma ferramenta administrativa à qual recorrem gestores de processos para mapear o sistema da organização. Assim, para realizar o mapeamento, os gestores utilizam um diagrama que representa os processos, as operações e os fluxos dos materiais do sistema por meio de decomposições da sua complexidade.

Para que seja possível a representação do sistema de produção, o fluxograma conta com símbolos para indicar processos, insumos, entradas, transformações, controles e saídas, bem como outras categorias, a fim de facilitar o entendimento do fluxo de dados, informações ou materiais que percorrem cada um dos processos do sistema de produção. Para Pinho et al. (2007, p. 2), "o fluxograma é uma técnica de mapeamento que permite o registro de ações de algum tipo e pontos de tomada de decisão que ocorrem no fluxo real".

Uma vez definido o sistema a ser mapeado, apresenta-se a sua estrutura geral por meio de um único retângulo (ou elipse), que representa "o todo" do sistema (ou de um processo em particular, se esse for o escopo do mapeamento). Com base na definição do escopo, o desenho do fluxograma parte de um estado inicial, geralmente um ponto de controle (ou um *start*) e, por meio de uma seta – que representa o fluxo dos dados (informações ou peças/insumos) –, segue até atingir um ponto de decisão, representado por um losango; conforme for essa decisão, pode (ou não) ser conectada a outro processo, a um ponto de controle ou até mesmo a outra decisão. Essa sequência é repetida até que o fluxo atinja um estado final, que representa o fim do mapeamento daquele sistema ou processo geral.

Como sistemas geralmente são complexos, a representação parte de um contexto geral, um macroprocesso – geralmente representado no diagrama de blocos –, e por sucessivas decomposições ("explosões repetidas") do sistema em subsistemas, em níveis (macroprocessos em subprocessos) interconectados por ligações de fluxos de dados/informações juntamente com símbolos que representam os dispositivos, os equipamentos e a comunicação entre estes interagindo com usuários.

O objetivo de um fluxograma é apresentar a **descrição gráfica do sistema e dos seus processos**. Por meio do detalhamento dos **processos**, é possível descrever e detalhar as suas **atividades** e, com isso, esmiuçar as **tarefas**, podendo-se então chegar à descrição das **ações** das tarefas, de forma a permitir uma análise do fluxo dos dados e/ou dos materiais.

A representação simbólica para construção de um fluxograma é definida para a produção, manual ou por meio de um sistema computacional, um programa ou um *software*, e, dependendo da aplicação, utiliza determinado padrão de símbolos, conforme apresentados e descritos no Quadro 2.1.

Quadro 2.1 – Símbolos mais utilizados na construção do fluxograma de produção

Símbolo	Nome	Descrição
(elipse)	Elipse	Denota o conector usado para as partes do diagrama; geralmente contém uma letra (ou símbolo) interna com legenda indicando continuação.
(retângulo)	Retângulo	Representa o processo cujo nome deve ser um verbo que exprima ação.
(seta)	Seta	Indica o sentido do fluxo, a sequência das etapas, a decisão tomada.
(losango)	Losango	Representa a decisão de um questionamento (uma pergunta, uma alternativa a ser escolhida) que terá sempre saída binária, ou seja, dois tipos: "OK" ou "NOK", "Sim" ou "Não" etc.
(paralelogramo)	Paralelograma	Entrada e saída de dados.
(retângulo arredondado)	Retângulo com bordas arredondadas	Representa um processo alternativo ou o início e fim de um programa (*software*).
(trapézio)	Trapézio	Representa uma operação manual ou ajuste no processo.
(círculo)	Elipse	Representa o início ou o fim do fluxo de dados ou de materiais.

Fique ligado!

Existem muitos programas de computador que facilitam a diagramação de um fluxograma. O mais utilizado e simples é o que está disponível no Microsoft PowerPoint®, opção "Inserir", "Formas", "Fluxograma", e que apresenta a descrição dos símbolos comumente usados.

Ao representar a sequência do fluxo de material (ou de dados) desde o recebimento da matéria-prima na fábrica até a efetiva entrega (saída) ao cliente, o fluxograma permite simbolizar o caminho percorrido pelos insumos por meio do desenho das setas, dos conectores e das decisões pelas quais o fluxo atravessa. Essa diagramação tem por objetivos:

- descrever simbolicamente o fluxo dos materiais ou dos dados;
- facilitar a visualização da operacionalidade do sistema;
- facilitar a análise da sequência de execução dos processos;
- entender as sucessivas decomposições do sistema em processos e dos processos em subprocessos (atividades, tarefas e ações);
- definir os processos por meio da associação de nomes (geralmente um verbo que exprima a ação executada);
- permitir a representação e a análise de decisões do fluxo de materiais ou dados (decisões sempre terão duas saídas, por isso são binárias);
- facilitar a comunicação, a explicação e o entendimento às pessoas envolvidas (já que a representação dos processos passa a ser padronizada);
- permitir alteração do fluxo atual mediante aplicação de melhorias, o que pode agilizar a execução do processo em particular e de todo o sistema;
- mapear o fluxo dos materiais e as decisões tomadas sobre ele, pois isso facilita o entendimento dos "porquês" do caminho que os materiais percorrem na fábrica;
- permitir simular a execução dos processos e de como estes se relacionam e se conectam.

Por exemplo, ao considerarmos o diagrama de blocos que apresenta o mapeamento do Lava Car, veremos que os macroprocessos estão ali definidos, mas não há a **decomposição dos processos** que revelam os detalhes de cada um. Por essa razão, o fluxograma é utilizado para permitir uma visão mais ampla, de modo a facilitar o entendimento e a compreensão do sistema geral a partir do mapeamento das "explosões" dos processos do diagrama de blocos. Essa visualização expandida pode ser analisada na Figura 2.5.

Figura 2.5 – Apresentação do diagrama de blocos (A) e do respectivo fluxograma (B) do Lava Car

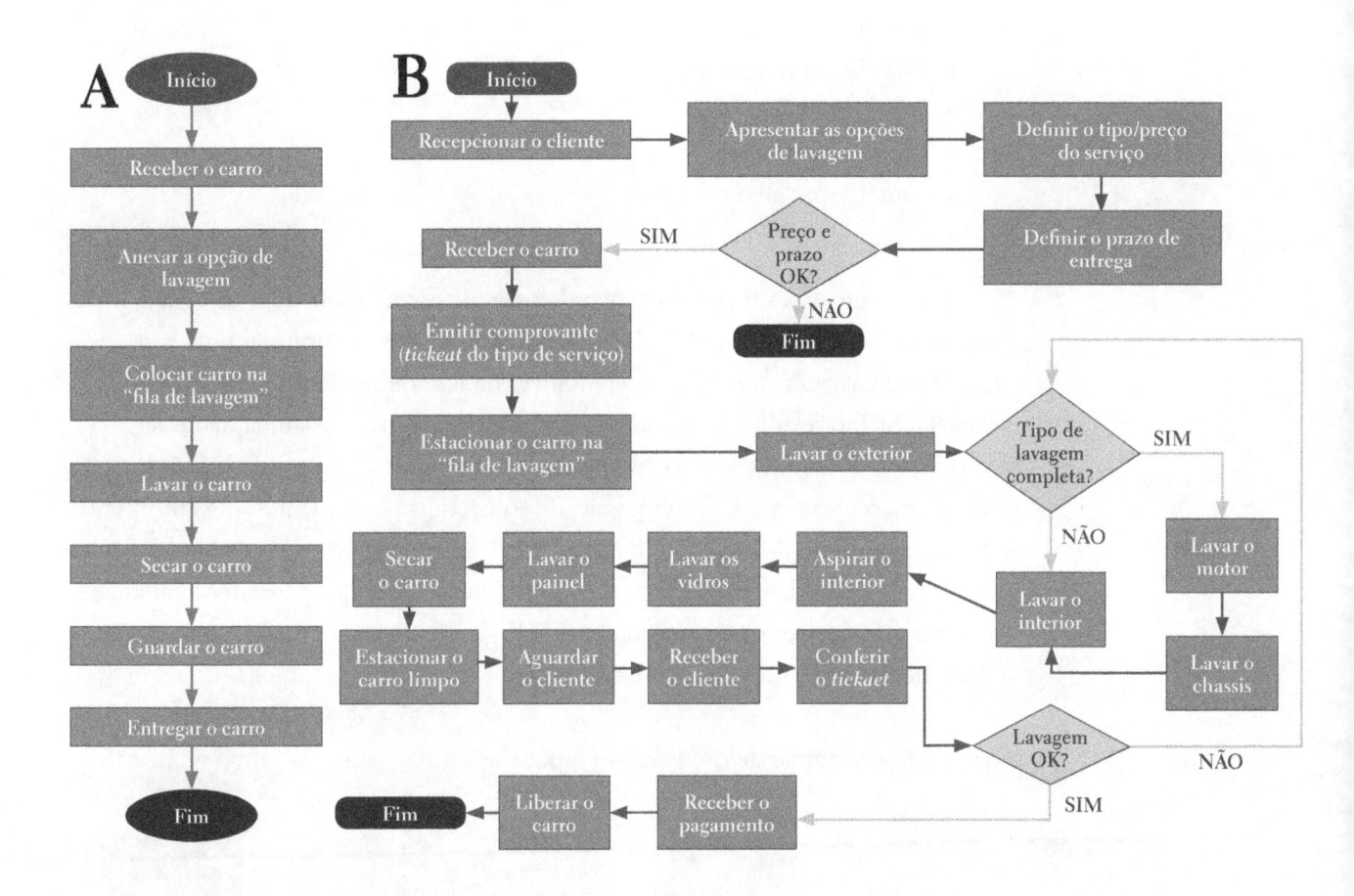

A
- Início
- Receber o carro
- Anexar a opção de lavagem
- Colocar carro na "fila de lavagem"
- Lavar o carro
- Secar o carro
- Guardar o carro
- Entregar o carro
- Fim

B
- Início
- Recepcionar o cliente
- Apresentar as opções de lavagem
- Definir o tipo/preço do serviço
- Definir o prazo de entrega
- Preço e prazo OK?
  - SIM → Receber o carro
  - NÃO → Fim
- Emitir comprovante (*tickeat* do tipo de serviço)
- Estacionar o carro na "fila de lavagem"
- Lavar o exterior
- Tipo de lavagem completa?
  - SIM → Lavar o motor → Lavar o chassis
  - NÃO → Lavar o interior
- Aspirar o interior
- Lavar os vidros
- Lavar o painel
- Secar o carro
- Estacionar o carro limpo
- Aguardar o cliente
- Receber o cliente
- Conferir o *tickeat*
- Lavagem OK?
  - NÃO (volta)
  - SIM → Receber o pagamento
- Liberar o carro
- Fim

Para saber mais

Para conhecer um pouco mais sobre fluxogramas, acesse o *site* a seguir que apresenta um artigo sobre como aumentar a produtividade utilizando essa técnica.

MACHADO, R. **Como fazer fluxograma, aumentar a produtividade e reduzir custos**. 2008. Disponível em: <http://www.doceshop.com.br/blog/index.php/fluxogramas-como-aumentar-a-produtividade-e-reduzir-custos/>. Acesso em: 23 ago. 2015.

2.2.3 Sipoc

Sipoc é o acrônimo do método utilizado para representar os elementos presentes em um projeto, a fim de melhorá-lo antes mesmo do seu início:

- *Supplier* (fornecedor);
- *Input* (entrada);
- *Process* (processo);
- *Output* (saída); e
- *Customer* (cliente).

Quando se está utilizando a metodologia *Six Sigma* – que será abordada ainda neste capítulo – para definir, medir, analisar, melhorar e controlar os processos organizacionais, aplica-se a ferramenta Sipoc na fase de medição, ajudando o analista a melhor explicar o escopo do projeto, cujos processos ainda não estão claros quanto à sua função. Ela auxilia no detalhamento de suas informações, considerando nessa fase todos os possíveis fornecedores e elementos que entram no sistema, o conjunto de processos e respectivas transformações, de acordo com os requisitos e necessidades dos clientes, bem como as saídas dos processos aliadas ao conjunto de controles que as monitoram. A Figura 2.6 exemplifica a apresentação dos elementos que compõem o diagrama Sipoc.

Figura 2.6 – Exemplo de uso geral do Sipoc

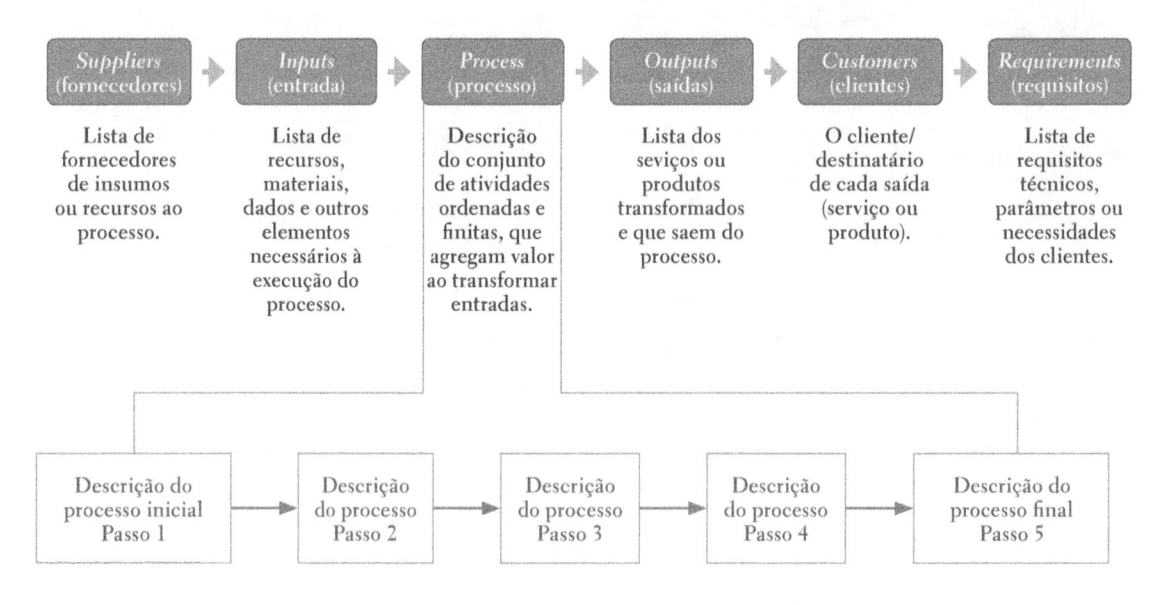

Suppliers (fornecedores)	*Inputs* (entrada)	*Process* (processo)	*Outputs* (saídas)	*Customers* (clientes)	*Requirements* (requisitos)
Lista de fornecedores de insumos ou recursos ao processo.	Lista de recursos, materiais, dados e outros elementos necessários à execução do processo.	Descrição do conjunto de atividades ordenadas e finitas, que agregam valor ao transformar entradas.	Lista dos seviços ou produtos transformados e que saem do processo.	O cliente/ destinatário de cada saída (serviço ou produto).	Lista de requisitos técnicos, parâmetros ou necessidades dos clientes.

| Descrição do processo inicial Passo 1 | → | Descrição do processo Passo 2 | → | Descrição do processo Passo 3 | → | Descrição do processo Passo 4 | → | Descrição do processo final Passo 5 |

Fonte: Adaptado de Simon, 2015.

O Sipoc é uma ferramenta útil que deve ajudar a esclarecer alguns aspectos para agregar valor à cadeia de produção, principalmente quando não se tem clareza quanto à definição dos seguintes elementos:

- Quem são todos os fornecedores de insumos/recursos dos processos?
- Quais são as especificações, os parâmetros e os requisitos técnicos de cada entrada dos processos?
- Quem são os clientes (internos e externos) dos processos?
- Quais são todas as necessidades, desejos e exigências dos clientes?

Kerri Simon, membro do iSixSigma, apresenta em seu fórum os passos que devem ser executados para completar qualquer diagrama Sipoc (Simon, 2015)[1]:

1. Criar um espaço que permitirá que a equipe possa adicionar informações ao diagrama Sipoc. Esse espaço poderá ser um slide de Powerpoint, uma planilha de Excel, uma folha de *flipchart* com os títulos do SIPOC escritos em cada uma das folhas, ou títulos escritos em *post-it* fixados em uma parede.
2. Começar com o processo. Mapear o processo com quatro a cinco macroetapas.
3. Identificar as saídas (os resultados) do processo.
4. Identificar os clientes que receberão os resultados do processo.
5. Identificar as entradas (insumos) necessárias para o processo funcionar corretamente.
6. Identificar os fornecedores dos insumos necessários ao processo.
7. Opcional: Identificar os requisitos preliminares dos clientes. Isso será verificado durante uma fase posterior (a de medição do Seis Sigma).
8. Discutir o Sipoc com o patrocinador do projeto e com outras partes interessadas envolvidas para conferir o diagrama.

Um modelo prático de Sipoc foi proposto pela Advance Consultoria – e pode ser visto na Figura 2.7 –, que o aplicou à definição do escopo e dos requisitos de chamadas de entrada de um *call center*.

---

[1] Os passos apontados por Simon durante fórum foram traduzidos pela Advance Consultoria.

Figura 2.7 – Exemplo de Sipoc aplicado a um *call center*

Processo de tratamento de chamadas de entrada em um *call center*

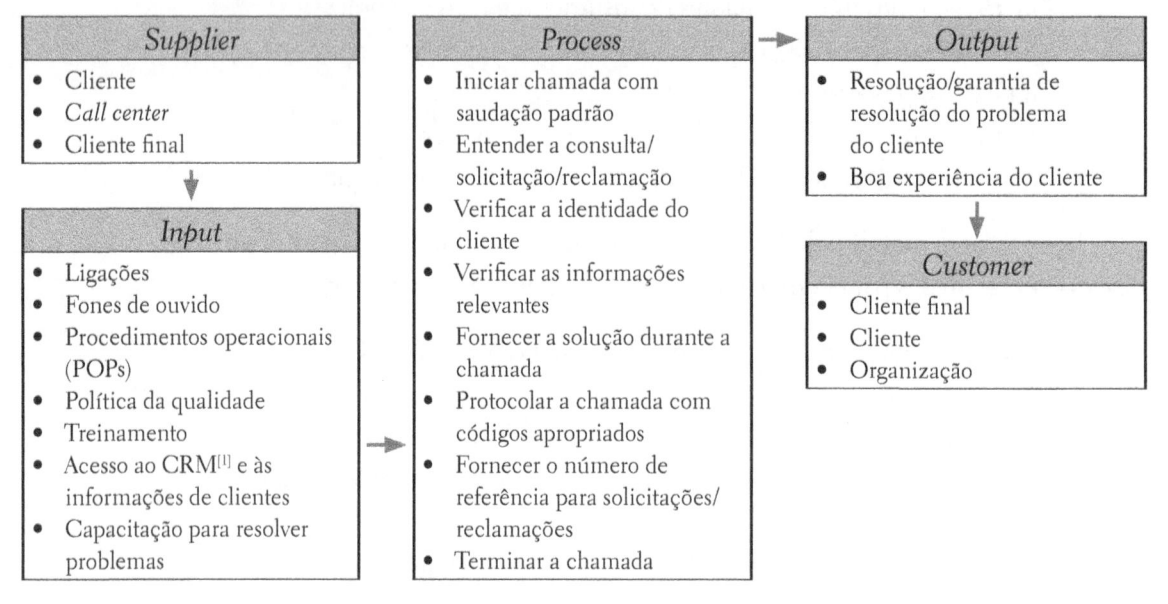

Supplier
• Cliente
• *Call center*
• Cliente final

Input
• Ligações
• Fones de ouvido
• Procedimentos operacionais (POPs)
• Política da qualidade
• Treinamento
• Acesso ao CRM[1] e às informações de clientes
• Capacitação para resolver problemas

Process
• Iniciar chamada com saudação padrão
• Entender a consulta/solicitação/reclamação
• Verificar a identidade do cliente
• Verificar as informações relevantes
• Fornecer a solução durante a chamada
• Protocolar a chamada com códigos apropriados
• Fornecer o número de referência para solicitações/reclamações
• Terminar a chamada

Output
• Resolução/garantia de resolução do problema do cliente
• Boa experiência do cliente

Customer
• Cliente final
• Cliente
• Organização

Fonte: Adaptado de Advance Consultoria, 2015.

1 CRM significa "gerenciamento do relacionamento com clientes", sigla do original em inglês *Customer Relationship Management*. Trata-se de um conjunto de ferramentas (sistemas, banco de dados, relatórios de vendas, de preferencias, de compra, entre outros) que apresentam informações dos clientes, de forma a identificar os mais importantes, permitindo que os gestores da empresa foquem neles os processos da empresa.

Para saber mais

É importante você conhecer e – se possível – se aprofundar nos temas relacionados a Sipoc. Estas indicações de leitura podem ajudá-lo(a) nessa tarefa. Confira:

BEEBE. **Important to Understand the Process Before Improving It**. Disponível em: <http://www.isixsigma.com/tools-templates/sipoc-copis/important-understand-process-improving-it/>. Acesso em: 25 ago. 2015.

GOTTUMUKKALA, R. **Better Involvement/Requirements with Lure and Copis**. Disponível em: <http://www.isixsigma.com/tools-templates/sipoc-copis/better-involvementrequirements-lure-and-copis/>. Acesso em: 25 ago. 2015.

POWERS, C. **Hocus Pocis**: The Magic of the Sipoc Diagram. Disponível em: <http://www.isixsigma.com/tools-templates/sipoc-copis/hocus-pocis-magic-sipoc-diagram/>. Acesso em: 25 ago. 2015.

2.2.4 Brainstorming

Brainstorming significa "perturbação cerebral de caráter súbito e violento" (Shingo, 1996, p. 143). O termo foi idealizado e utilizado pela primeira vez por Alex Faickney Osborne, em 1964, quando publicou o artigo *The Creative Education Movement*, no qual apresenta os princípios básicos para entender a educação criativa. Faickney defende a expansão da criatividade e os acordos para estimular lideranças e novos estilos criativos de educação. Ele criou a Fundação da Educação Criativa (*Creative Education Foundation* – CEF) e incorporou procedimentos e crenças criativos no processo educacional. Ao introduzir a técnica *brainstorming*, o autor defende que o sucesso dela se dará quando houver separação do julgamento imaginativo do judicial e adoção do princípio do não julgamento (crítica) dos pensamentos.

No mundo corporativo, *brainstorming* é um processo no qual pessoas se reúnem para falar, discutir e expor seus pensamentos em torno de um assunto, de forma livre, com vistas a estimular o ambiente de desenvolvimento de ideias voltadas a resolução de um problema.

Shingo (1996, p. 143) alerta que o gestor que utilizar o *brainstorming* deve considerar os seguintes aspectos:

- não criticar ou estimular críticas, pois isso afeta o clima de uma atmosfera aberta a discussões saudáveis;
- considerar toda ideia original, mesmo se absurda, uma vez que pode ser aperfeiçoada;
- estimular a apresentação do maior número possível de ideias, aumentando a probabilidade de encontrar uma que seja boa; e
- utilizar o efeito da sinergia entre as pessoas para encorajá-las a melhorar as próprias ideias ou as dos outros.

A técnica será muito eficaz quando houver uma preocupação com as seguintes questões, que, se ignoradas, podem comprometer a reunião:

- o tempo destinado à sessão, geralmente de 15 minutos a 1 hora, com intervalos;
- o número de participantes, que deve variar de 5 a 10, com grupos formados com igual número de pessoas;
- a seleção do assunto (problema a ser resolvido), o qual deve ser explicado, entendido, específico da área dos participantes, de conhecimento comum;
- conversas paralelas ao assunto, que devem ser evitadas para que não distraiam os participantes (conversas fiadas).

É recomendável ainda que o gestor intervenha quando aparecerem "suposições", houver superficialidade em relação à resolução do problema ou quando o assunto divergir do contexto (foco) inicialmente apresentado para a discussão e a apresentação de ideias. Outra importante dica é estimular o interesse dos participantes em apresentar argumentos às ideias dos demais, sem serem evasivos e incentivar que fatos desconhecidos dos participantes sejam de conhecimento comum, com todas as versões sendo reveladas (Shingo, 1996).

Shingo (1996, p. 145) apresenta um roteiro para conduzir uma sessão de *brainstorming*:

1. As regras da sessão para expor ideias devem ser apresentadas e explicadas claramente a todos pelo líder da sessão.
2. O líder deve apresentar duas ou três ideias iniciais para que comece o processo de sinergia.
3. Ideias devem ser registradas e visualizadas por todos os participantes;
4. O líder é o motivador e deve estar atento às preocupações listadas anteriormente, para que a reunião não seja comprometida.
5. O líder deve evitar que críticas sejam lançadas a novas ideias, interrompendo momentaneamente a sessão (intervalo).
6. O líder deve promover uma atmosfera harmoniosa, com direito preservado a cada participante em apresentar a opinião livremente.

Nesse esquema, o processo de produzir e avaliar ideias é repetido até o ponto em que se apresentem melhorias específicas, que façam parte do contexto e sejam úteis.

2.2.5 Brainwriting

Brainwriting é uma técnica utilizada para expor ideias e sugestões de melhoria sobre um processo. É similar ao *brainstorming*, mas se dá de forma escrita, na qual em vez de faladas, as ideias são escritas em um registro físico (geralmente folhas de papel, painéis, editores de texto em computadores ou aparelhos de celular). A Figura 2.8 exemplifica essa técnica.

Figura 2.8 – Exemplo da organização de grupos em *brainwriting*

O método foi desenvolvido e apresentado pelo alemão Bernd Rohrbach, no fim dos anos de 1960, e é também conhecido como *técnica 6-3-5* ou *carrossel de ideias*, cuja finalidade é estimular a criatividade para apresentar e coletar ideias inovadoras de pessoas que se reúnem para resolver um problema, uma situação errada ou iniciar um novo projeto.

Os números 6-3-5 significam que o grupo será formado por 6 pessoas, que devem conceber 3 ideias em 5 minutos. Cada participante recebe um cartão (pedaço de papel) para expor três ideias inovadoras, criativas. O número de grupos não é definido, pode haver quantos forem necessário ou possível. Veja a seguir um modelo do cartão de *brainwriting*.

Figura 2.9 – Exemplo de um cartão de *brainwriting*

Cartão de *Brainwriting*		
Data: xx/xx/xxx Hora início: xxh xx		
Nome do grupo: xxxxxxxxxx		
Declaração do problema: xxxxxxx		
1.ª ideia	2.ª ideia	3.ª ideia

O método é muito simples de ser posto em prática. Como você pode ver a seguir, o *brainwriting* inicialmente compreende as mesmas questões existentes no *brainstorming*:

1. Os grupos, formados por seis pessoas, recebem no início da sessão um problema. Cada participante de cada grupo deve anotar no cartão três ideias inovadoras e criativas para solução do problema apresentado.
2. Em seguida, os cartões individuais de um grupo de pessoas são reunidos e encaminhados a outro grupo (cujos membros também escreveram, cada um, três ideias, as quais foram encaminhadas ao grupo seguinte, que lerá e discutirá as ideias individuais das pessoas do grupo anterior, acrescentando nesses cartões suas contribuições, suas ideias, suas novas sugestões criativas).
3. Esse ciclo se repete até que os cartões, inicialmente encaminhados pelas pessoas de um grupo, retornem a ele, fechando a repetição de envio de cartões (daí o nome *carrossel de ideias*).

Nesse esquema de trabalho, Rohrbach afirma que 108 ideias criativas e inovadoras podem ser apresentadas no intervalo de 30 minutos, vantagem que otimiza o tempo da reunião, pois pessoas podem escrever simultaneamente as ideias, ao contrário da técnica *brainstorming*, em que enquanto uma pessoa fala, as outras devem prestar atenção – o que é chamado de "bloqueio de sequência" de criatividade. Além disso, no *brainwriting* há a possibilidade de voltar atrás na ideia, apagá-la e redigi-la de melhor forma, evitando redundância ou mal-entendido.

2.2.6 *Blueprinting*

Blueprinting é uma técnica de representação de plantas arquitetônicas de produtos utilizada nas áreas de engenharia, arquitetura e *design* de produtos. Ela se caracteriza por utilizar uma tinta branca sobre um fundo azul, que depois é modificada, ao utilizar tinta azul sobre um fundo branco – daí o nome *blueprinting* (impressão em azul).
Na área da engenharia de produção, a técnica é utilizada para desenhar o fluxo das informações que compõem um processo de serviço, fornecendo uma visualização detalhada de como as atividades se desenrolam, sem, no entanto, apresentar as motivações ou emoções das ações dos processos.

Blueprint é o método que permite a visualização, a análise e a otimização dos processos dos serviços, cuja representação é realizada por meio de camadas (*layers*) que apresentam as atividades do processo e de sua decomposição; por meio de linhas, a visualização das ações de cada processo é acrescida de maiores detalhes, que podem ser então apreciadas pelo cliente do processo. A combinação das diferentes informações entre camadas ajuda na interação de dados, que facilita estabelecer a ordem que determina o desenvolvimento do serviço.

Essa metodologia de *design* foi proposta inicialmente por Shostack em 1982 (Wilson et al., 2006), que apresentou o *blueprinting* com um procedimento de desenho que representa o tempo e as ações de um projeto sobre um papel e cuja função é a de descrever elementos críticos dos serviços, como tempo, sequência lógica de ações, sequência de execução de atividades de cada processo (decompondo-os em camadas), especificação da interação das ações e eventos que acontecem no tempo e espaço (*front office*, que tem a presença do cliente) e descrição das ações e eventos que interagem fora da linha de visibilidade do cliente (*back office*).

Wilson et al. (2006) definem o *blueprinting* como uma ferramenta que representa simultaneamente os processos de serviços, os pontos de contato com os clientes e as evidências do serviço do ponto de vista dos usuários dos processos, em quatro camadas básicas, separadas por três linhas. Essas questões são explicadas na sequência.

- As **evidências físicas** representam os diversos ambientes (setores, departamentos) da empresa que interagem com os clientes.
- A **camada de ações do cliente** representa as interações/ações do cliente para com as interações/ações da empresa (colaboradores), cuja **linha de interação** a separa da camada de contato de palco (*front office*).
- A **camada de contato de palco** (também chamada de *camada de front office*) representa as ações que os colaboradores desempenham às vistas do cliente, dos serviços que devem ser executados (entregues), e são, portanto, perceptíveis por ele. Essa camada contém a **linha de visibilidade** (ou **viabilidade**), separando-a da camada de contato dos bastidores (*back office* – atividades de escritório).
- A **camada de contato dos bastidores** (também chamada de *camada de back office*) descreve as ações que os colaboradores desempenham fora da vista dos clientes, de cada serviço a ser executado (entregue), com ações e decisões tomadas internamente. Essa camada contém a última linha, a **linha de interação interna**, que a separa da camada de processos de suporte.
- A **camada de processos de suporte** representa todos os dados e informações dos processos que podem ser decompostos em representações de maiores detalhes dos dados e informações das atividades – as tarefas e ações de cada serviço.

Resumidamente, a representação de processos de serviços utilizando *blueprint* tem início com o processo macro e, a partir dele, há a decomposição em subprocessos, que caracterizam a camada 2 de decomposição em maiores detalhes, acrescentando mais informações. Há a inserção de linhas de interação, que conectam o processo da camada 1 aos subprocessos da camada 2. Decompõe-se, então, cada subprocesso da camada 2, acrescentando mais informações e detalhes dentro de cada uma das linhas de visibilidade (ou viabilidade), caracterizando assim a camada 3. Posteriormente, esses subprocessos são decompostos em mais detalhes e separados por uma linha de interação interna, que caracteriza a definição dos processos da camada 4. A Figura 2.10 ilustra as camadas *blueprinting*.

Figura 2.10 – Camadas *blueprinting* da interação dos serviços

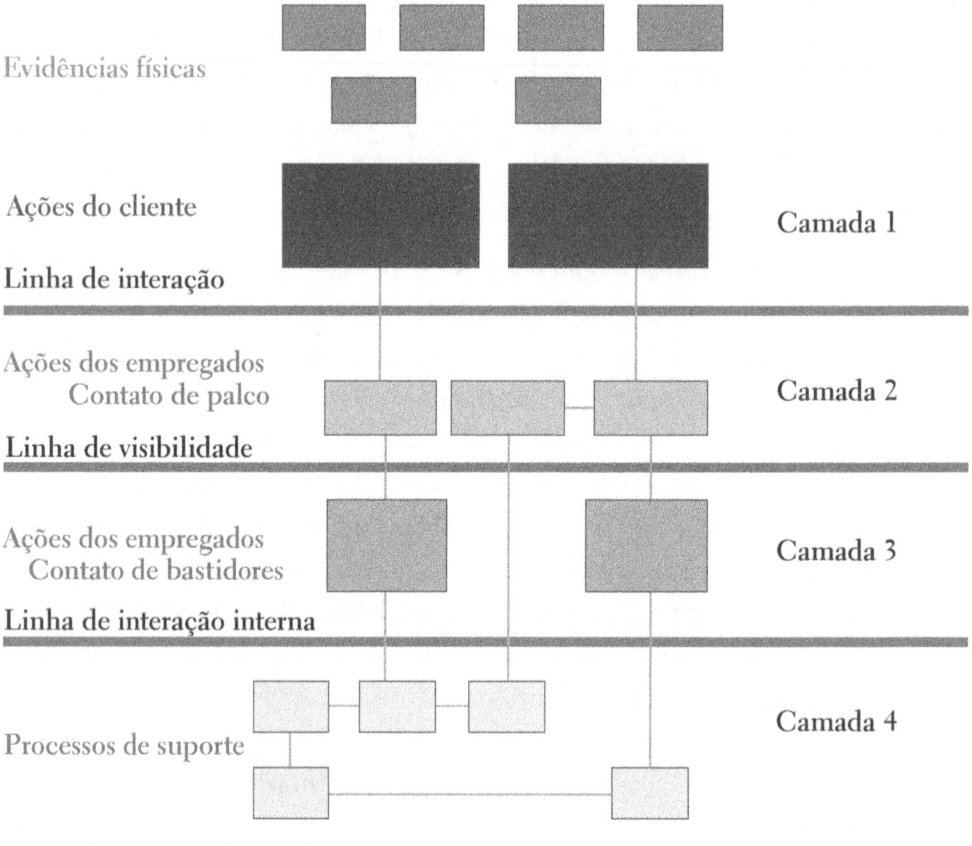

Fonte: Adaptado de Wilson et. al., 2006.

Os benefícios que o *blueprinting* apresenta são:
- participação dos clientes no desenvolvimento e aperfeiçoamento dos processos de serviços da empresa;
- atividades, tarefas e ações de forma gráfica, dando suporte de informações ao projeto e seu plano de desenvolvimento e à efetiva execução de ações dos processos;
- especificar com maiores detalhes as informações de cada processo, subprocessos (atividades), tarefas e ações que relacionam o custo de cada um, o

- grau de satisfação do cliente e melhorias que garantam a efetividade do custo/benefício dos serviços;
- identificar visualmente e reconhecer os dados e as informações dos processos, o que possibilita a percepção de possíveis falhas e/ou erros;
- apresentar maior precisão das informações entre ações, facilitando o planejamento de cada tarefa, atividade e processo em termos de tempo, pessoas e interações entre esses elementos e os equipamentos;
- permitir representar maior quantidade de dados/informações de cada processo ao mesmo tempo, facilitando a identificação daqueles críticos, falhos ou de gargalo;
- atingir as metas estabelecidas estrategicamente a cada objetivo organizacional.

2.2.7 Idef

Idef é um acrônimo do inglês que significa *Integration Definition*, ou seja, "definição da integração". Inicialmente foi instituída na força aérea norte-americana como uma linguagem para modelar atividades necessárias ao entendimento de sistemas aeronáuticos complexos, seus projetos, pontos que causavam falhas e, portanto, que eram passíveis de serem melhorados, e à representação da forma de integração das diversas atividades. Por ser focada no negócio, prioriza "o que" deve ser realizado para depois analisar "como" deve ser realizado.

Trata-se de uma técnica que utiliza diagramas que representam a padronização do controle e documentação de processos, cujo desenho é construído de forma *top-down* (do macroprocesso para os mais internos). Tem como processo inicial o diagrama de nível zero, ou diagrama de contexto, cujo processo contém uma única atividade. Dessa forma, a Idef serve para diagramar, por meio de modelagem de processos do negócio, as atividades e, dentro destas, as ações e decisões que são inerentes a qualquer organização, setor, departamento etc., conforme o foco da necessidade da modelagem.

Seus diagramas derivam daqueles utilizados na técnica de descrever e apresentar a análise e o projeto de sistemas estruturados da computação do início dos anos de 1970, apresentada por Douglas T. Ross e seguida por Chris Gane e Trish Sarson, quando, em 1979, introduziram os diagramas de fluxo de dados para descrever e mapear os dados no ciclo de desenvolvimento de sistemas computacionais.

A técnica Idef descreve o conjunto de processos e das decomposições destes (detalhamento em níveis de suas funções) em atividades, que são decompostas em tarefas e, por fim, a decomposição dos detalhes das tarefas em ações atômicas (únicas). Durante as decomposições, podem-se representar os dados/as informações entre as tarefas e ações no transcorrer do tempo de cada função e elas associadas.

As decomposições (alguns autores chamam de "explosões" de processos, atividades e tarefas) têm por finalidade apresentar e seguir os critérios do processo inicial, mapeando as dificuldades encontradas (Melo, 2006) e identificando o grau de complexidade de cada nível por meio do acoplamento de cada um.

O esquema geral para apresentar a Idef, conforme é possível observar na Figura 2.11, segue a representação dos elementos que compõem o modelo geral de um processo; ou seja, quando há uma entrada de insumos (*input*) no processo, esta é submetida a uma transformação por meio de recursos (*mechanisms*) e controles (*control*), para fornecer uma saída (*output*) válida, dentro dos padrões e parâmetros previamente definidos.

Figura 2.11 – Esquema do modelo geral de representação da Idef

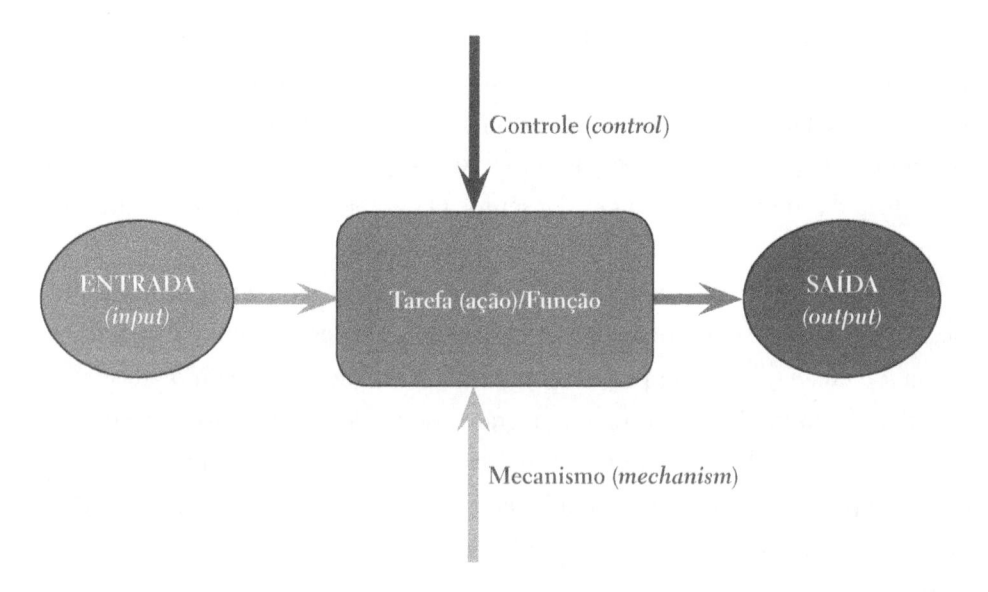

Ao utilizarem a técnica Idef, o analista e o projetista do sistema devem ter em mente que irão modelar:
- cada atividade com as respectivas tarefas;
- as funções de cada tarefa (expressas por ações) com as estruturas e informações semânticas;
- as decisões inerentes à tarefa, de acordo com seus mecanismos e controles; e
- o fluxo dos dados informações, de acordo com seus mecanismos e controles.

A Figura 2.12 ilustra um exemplo de decomposição do modelo geral a outro mais específico de uma função na Idef.

Figura 2.12 – Exemplo de decomposição ("explosão") do modelo geral a um modelo mais específico de uma tarefa/função na I0

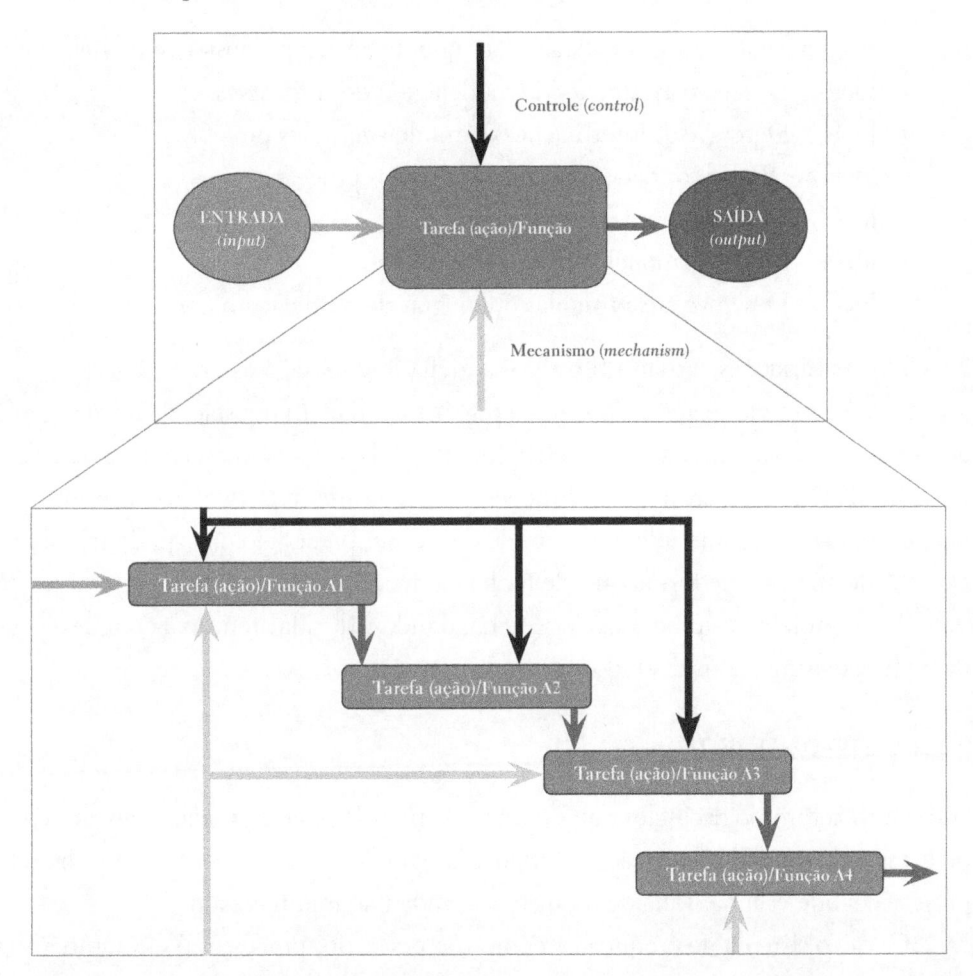

A função da Idef é proporcionar uma forma de representar a visão da complexidade de sistemas e, por conseguinte, seus processos (atividades e tarefas), de modo a facilitar o entendimento e a compreensão dos diversos níveis de detalhes que cada nível apresenta de acordo com suas decomposições (Figura 2.12). Isso permite que o analista visualize:
- os graus de generalização (os níveis de detalhes);
- os requisitos e as necessidades de cada uma das tarefas/funções (ações) de cada um dos operadores (funcionários, colaboradores);
- os mecanismos de controle necessários ao cumprimento das tarefas;
- o conjunto de recursos que cada tarefa necessita para seu funcionamento;

- as saídas das tarefas/funções de acordo com o conceito inicial dos parâmetros exigidos; e
- todos esses elementos com o conjunto dos dados/informações enviados e recebidos por cada uma das tarefas/funções, representando a colaboração entre estes.

A Idef apresenta as seguintes variações quanto ao seu propósito de modelagem:
- Idef0 – Descreve as funções da modelagem dos processos.
- Idef1 – Descreve as informações da modelagem dos processos.
- Idef1x – Projeta os dados da modelagem dos processos.
- Idef3 – Modela os processos do modelo.
- Idef4 – Projeta o modelo orientado a objetos.
- Idef5 – Descreve a captura das ontologias da modelagem dos processos.

Dessas variações, a mais utilizada é a Idef0, que modela os processos, as atividades e as tarefas e ações do sistema organizacional em questão, de forma que apresente as informações da perspectiva funcional do sistema, indicando "o que" e "como" fazê-la e descrevendo as funções e o necessário (recursos/mecanismos) para executá-las. Geralmente o uso do Idef0 deve ser precedido da experiência "em campo" do analista, de forma que ele tenha elementos suficientes que permitam desenhar o projeto dos processos do sistema, dando a devida atenção à complexidade de cada uma, considerando suas decomposições.

2.1.8 WIP (*Work In Progress*)

WIP é um acrônimo do inglês que significa *Work In Progress*, ou seja, "trabalho em progresso". É um termo utilizado na indústria para descrever aquele produto (bem ou serviço) que está na linha de produção e ainda não foi finalizado.

Como o sistema de produção é composto por vários processos, WIP também se refere aos insumos (ou parte desses materiais) utilizados nos diversos estágios do sistema produtivo para finalizar o produto. O WIP passa a ser considerado um ponto de controle quando há o interesse em monitorar as quantidades de insumos ou materiais em processamento, excluindo o interesse em inventariá-los no início ou no final do ciclo de produção.

WIP também é muito utilizado para descrever os ativos circulantes nos balanços contábeis do trabalho corrente, avaliando o produto em processo de produção como um ativo de maior valor do que se comparado ao total de insumos que entraram no processo produtivo, e um ativo de menor valor do que o produto acabado, que incorpora todos os insumos e processos produtivos. Dessa forma, procura garantir o valor financeiro total da produção corrente da empresa, muitas vezes conhecido como *job costing system* (JCS), ou seja, um sistema que fornece o custo de cada estação de trabalho que está produzindo (as somas dos insumos de entrada com o trabalho e a energia despendida para a produção), relatando o percentual do montante acumulado produzido em relatórios financeiros específicos a cada um (conforme ilustrado na Figura 2.13).

O objetivo do WIP, sob a ótica de processo, é que o esforço para manter a linha de produção ativa, com menor custo financeiro, menor tempo e menor uso de equipamentos e pessoas, deve ser tal de modo que o capital empregado em todo o processo de produção seja o menor possível, necessitando, por isso, manter os parâmetros de produção alinhados aos objetivos da quantidade desejada de fabricação.

Figura 2.13 – Valor contábil WIP representando o valor dos materiais, trabalho e máquinas como parte do JCS

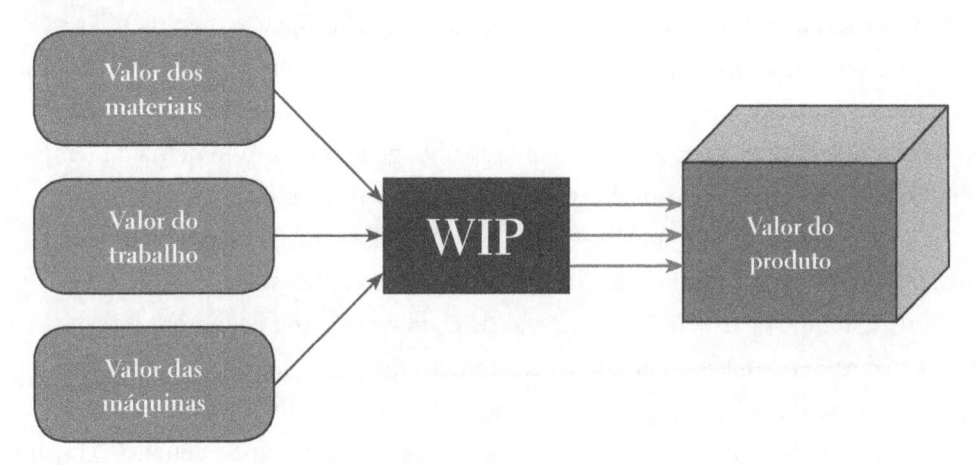

O WIP de processo também objetiva manter a capacidade da linha de produção ativa – com movimentação contínua entre as estações produtivas, estabelecendo como metas aos seus indicadores – e a diminuição do risco de ociosidade e obsolescência da linha de produção.

2.2.9 *Takt time*

O método para dar ritmo ou sincronizar a linha de produção conhecido por *takt time* (tempo *takt*) surgiu originalmente na Alemanha nazista, durante o período em que os seus engenheiros aeronáuticos auxiliavam a indústria japonesa no desenvolvimento e na melhoria dos projetos e do método de construção de aviões. Como a fabricação das aeronaves na Alemanha seguia um ritmo padronizado, dentro de um rígido projeto de produção, o tempo disponível para a fabricação de um avião seguia um ritmo que correspondia à quantidade solicitada pela sua força aérea (seu cliente) – o mesmo acontecia na produção das peças que alimentavam a linha de produção aeronáutica alemã da década de 1930.

No período pós-guerra, os japoneses ainda adotavam o *takt time* nos seus processos industriais, o que dava ritmo à sequência do processo de produção herdado da disciplina alemã, oportunidade em que a Toyota Motor Company agregou a técnica no seu método de produção *lean*.

A técnica *takt time* é basicamente a disciplina de respeitar o tempo necessário à produção de acordo com a quantidade demandada pelo cliente; cada peça, em cada estação de trabalho, segue um ritmo compassado para avançar até a próxima estação na linha de produção, tornando o sistema equilibrado. Nesse foco, por *equilíbrio de produção* entenda-se que, se o ritmo for acelerado, muito rápido, haverá maior esforço de produção e isso resultará em acúmulo de produtos finalizados, o que caracteriza estoque. Se, por outro lado, o ritmo for mais lento, mais devagar, haverá menos produtos finalizados ao final da linha de produção, sem atender às quantidades demandadas pelos clientes. Isso fará com que a linha de produção seja repentinamente acelerada, dando oportunidade para o surgimento de erros, falhas, produtos defeituosos e necessidade de retrabalho, gerando custos e perda de tempo, qualidade e percepção de um sistema de produção ruim aos olhos dos clientes.

O sucesso da aplicação do *takt time* em uma fábrica depende, basicamente, de três fatores que os postos da linha de produção devem apresentar:

1. O tempo de execução das tarefas de cada estação (ou célula produtiva) deve ser o mesmo para todos os produtos que serão fabricados; caso haja uma estação que demore mais que outra, deve-se alinhar o tempo de produção pela que demora mais, de forma a evitar o que se chama "gargalo de produção". Por exemplo: Na década de 1930, ao fabricar o modelo Messerschmitt – ME109 G, cada estação da fábrica deveria ter o mesmo ritmo (tempo) para cada etapa do ciclo de produção desse avião;
2. O *layout* ou roteamento da produção deve ser simples, favorecendo a diminuição dos tempos de envio/recebimento da produção nas estações (células) de trabalho; e
3. Deve haver o mínimo de *setup time*, ou seja, um intervalo de tempo (t) tal que a troca de turno, a limpeza das máquinas ou o rearranjo do layout, entre outras necessidades de *setup*, sejam providenciados no menor prazo possível.

> **Gargalo de produção**, em relação ao tempo de produção, está intimamente ligado ao conceito de *tempo de ciclo de produção*, que é o tempo necessário para fabricar uma peça (ou um componente) que fará parte do produto como um todo, respeitando-se sempre o período que compreende o início e o fim do processo. Considere, por exemplo, uma linha de produção com quatro máquinas e quatro operadores, uma com três minutos para produzir, outra com cinco, outra com nove e a última com quatro. O tempo de ciclo para produzir o produto final não é a somatória dos tempos de máquina nem o tempo de cada uma, mas sim a que demora mais para executar suas atividades, que nesse caso é nove minutos. Portanto, o tempo de ciclo para essa linha é de nove minutos, que é o necessário para evitar o gargalo dessa linha de produção. Isso fará com que o *takt time* também seja de nove minutos, coincidindo então, para esse caso.

Essas características são desejáveis em estações (células) de trabalho que têm parâmetros de tempo bem projetados e definidos para que as tarefas possam ser executadas. A limitação surge quando não há definição clara dos parâmetros de tempo para as pessoas que trabalham na estação ou se a estação não apresenta o projeto da sequência de ações e de entrega do produto para a outra estação, não garantindo, assim, saídas repetitivas de produtos fabricados por período de tempo.

> Em uma célula de manufatura deve estar entendida a diferença entre pessoas e estação de trabalho pelos seguintes motivos: a) as pessoas executam as tarefas em um tempo diferente daquele realizado pelas máquinas; b) as máquinas das estações de trabalho em uma célula raramente têm o mesmo tempo de trabalho no mesmo período; e c) máquinas são menos flexíveis que as pessoas em se tratando de métodos de sincronismo, tempo ou balanceamento do tempo de execução de tarefas.

Esse raciocínio reforça o conceito de *takt time* como um método de produção que objetiva cadenciar o tempo de fabricação do produto (bem ou serviço) sincronizado com as quantidades que o cliente demanda. De fato, quando a linha de produção não está temporalmente coordenada, sem contar com estações de trabalho temporalmente sincronizadas, com *layout* mal projetado e/ou utilizado, as etapas/os passos de fabricação sofrerão atrasos, comprometendo em parte (ou toda) a linha de produção – características totalmente indesejáveis ao *lean manufacturing*, do sistema Toyota de produção.

Atualmente o *takt time* passou a ser utilizado como um indicador que apresenta o volume de produção horária dos setores ou departamentos das empresas, monitorando o tempo do fluxo dos materiais pelas estações de trabalho, daí estar fortemente relacionado com a "função processo" da linha de produção.

Como o princípio do *takt time* é tornar possível o balanceamento da linha de produção em função do tempo de produzir de cada estação de trabalho, essa técnica permite que ela possa:

- ter gargalos ligados ao tempo, por fixar o sincronismo da estação e entre estações de trabalho;
- padronizar o tempo de execução das ações ligadas a cada tarefa, fazendo com que cada célula produza aquilo que foi idealizado/projetado para fabricar e entregar ao cliente;
- evitar a superprodução, pois cada estação não irá produzir mais do que se espera dela, em virtude da limitação do tempo disponível para fabricação (isso leva a uma estabilidade temporal no sistema produtivo da empresa); e
- ter sinergia operacional entre as pessoas que trabalham nas estações que compõem a linha de fabricação; quando ocorre um erro, falha ou parada de uma das estações, outros podem imediatamente ajudar na solução e procurar sincronizar o tempo das estações para entregar o produto no ritmo previamente definido.

Nesse último caso, quando ocorre um erro ou surge uma falha (seja na máquina, seja com o operador da estação de trabalho), pode-se adicionar um sinal luminoso (lâmpada vermelha ou de outra cor) para sinalizar a toda a linha de produção sobre a necessidade de parada para conserto e solução do problema. É o que os japoneses da Toyota Motor Company, no sistema *lean*, chamam de *andon*, em que uma sequência de operações sofre uma parada (muitas vezes é utilizado um sinal sonoro agregado ao luminoso para oferecer maior segurança aos envolvidos).

Um exemplo para ilustrar o uso do *takt time* pode ser apresentado na produção de um avião, ao considerarmos os processos em que ele, para ser concluído, deve passar por cinco estações de trabalho, conforme definição dos processos no Quadro 2.2 e exemplo de sincronismo *takt time* ilustrado na Figura 2.14, na qual no caso "A" a estação 2 excede o tempo que, após ajustes no *takt time*, ficou sincronizado/balanceado (caso "B").

Quadro 2.2 – Estações de trabalho e respectivos processos operacionais

Estação de trabalho	Processo de montagem
1	Da fuselagem principal com trens de pouso
2	Das asas na fuselagem
3	Dos motores
4	Dos instrumentos
5	Dos acabamentos internos

Figura 2.14 – Exemplo de uso do *takt time*

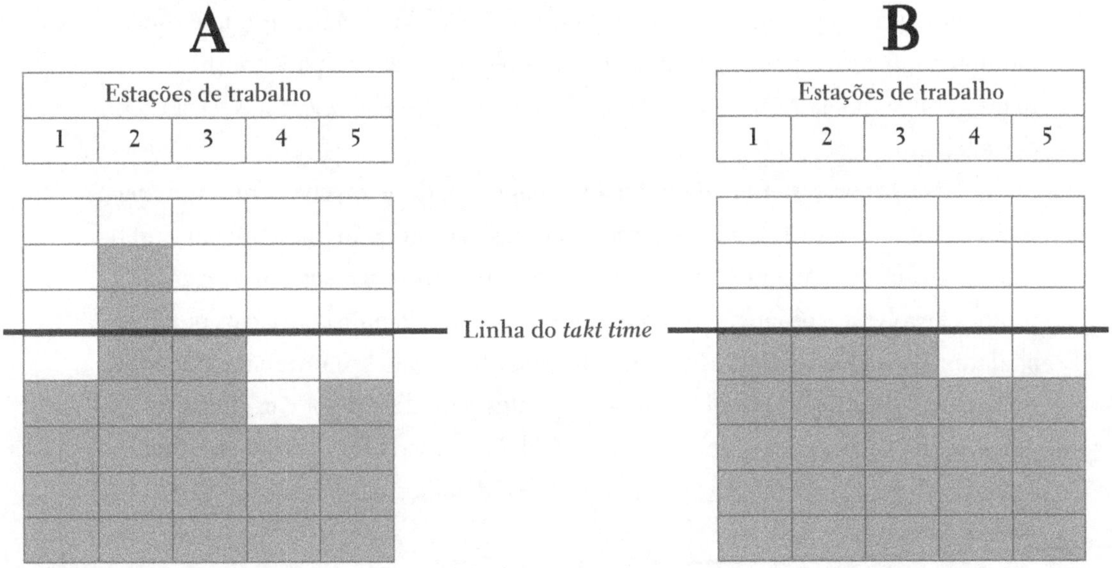

Para saber mais

Leia o livro *Facilities & Workplace Design: An Illustrated Guide*, de Quarterman Lee, Arild Amundsen, William Nelson e Herbert Tuttle, que aborda a aplicação do *takt time* nas empresas, aliada às técnicas de *lean manufacturing*, operações *lean offices*, equipes de trabalho, células de trabalho e *downsizing*.

QUARTERMAN, L. et al. **Facilities & Workplace Design**: An Illustrated Guide. First Edition. USA: Engineering & Management Press; Institute of Industrial Engineers; Norcross, 1996.

2.2.10 VSM (*Value Stream Mapping*)

VSM é a sigla de *Value Stream Mapping*, que significa "mapeamento do fluxo de valor", proveniente do sistema Toyota de produção, o *lean manufacturing*. Trata-se de uma ferramenta de gestão *lean* para mapear o sistema de produção (portanto, todos os processos e atividades) com vistas a ajudar a entender e compreender seu funcionamento, o caminho do fluxo de trabalho, os equipamentos, as pessoas alocadas funcionalmente, a lógica do caminhamento das peças e das informações por todo o sistema, além de permitir que, durante o mapeamento, descobertas e novas informações sejam adicionadas ao sistema de forma a melhorá-lo.

Para que o gestor da empresa possa utilizar o VSM, é necessário que esteja familiarizado com a notação gráfica dos símbolos que servem para construir o mapa geral (a tabela Asaw, que contém alguns símbolos e abreviaturas, está no fim deste tópico).

Como todo o sistema de produção é mapeado, deve envolver em seu mapa todos os fornecedores, clientes internos, clientes externos, com a definição simbólica dos insumos fornecidos, materiais que entram nos processos, informações, pessoas envolvidas, descrição dos tempos e indicação de outros aspectos que ajudam a entender e compreender o sistema de produção em um mapa. Detalhes podem ser adicionados em determinados pontos para decompor ("explodir" os detalhes) o processo em subprocessos: o nível 2 de atividades, ou este em uma nova decomposição, num nível 3, que descreve detalhes das tarefas, e assim sucessivamente.

> *Cadeia de valor* ou *fluxo de valor* é o termo utilizado para descrever o conjunto de ações que adicionam facilidades de gerenciamento de informações na linha de produção: facilidade na proposta de soluções a erros e falhas; dados e informações sobre questões físicas de produção, necessárias à produção de bens ou serviços, como: quantidade de material disponível, energia utilizada, quantidade de pessoas envolvidas no fluxo e descrição de suas habilidades.

O objetivo do mapa VSM é gerar valor aos processos empresariais, por meio das suas descrições que visam facilitar o entendimento e a compreensão do sistema de produção por todos os responsáveis envolvidos nele, expondo os equipamentos, suas localizações, o fluxo lógico da sequência temporal das tarefas, as funções e competências das pessoas. O resultado é a identificação de pontos de melhoria e direcionamento delas para agregar uma forma de valor ao sistema produtivo.

Idealmente, o VSM apresenta dois tipos de mapas, conforme será possível observar adiante (Figura 2.15):

1. o mapa da situação presente, que simboliza o funcionamento atual dos processos que formam a cadeia de valor do sistema, do fluxo atual das informações, dos equipamentos, das pessoas e de todos os elementos que representam toda a linha de produção, podendo haver descrição detalhada dos processos;
2. o mapa da situação futura, que representa a inclusão do conhecimento dos gestores ao desenharem e exporem as estratégias organizacionais e específicas de cada setor/departamento, dos elementos que compõem a linha de produção, dos aspectos de melhorias passíveis de implementação a um plano de trabalho.

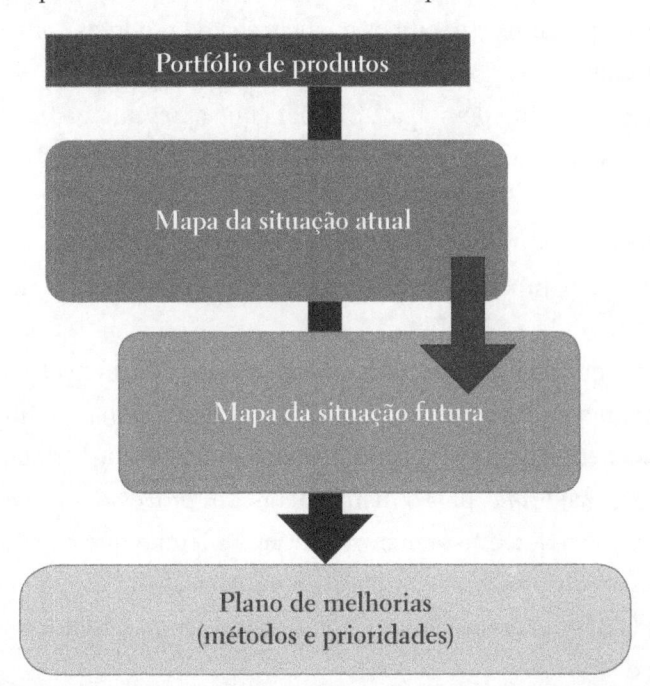

Figura 2.15 – Mapas VSM visando à melhoria dos processos

```
Portfólio de produtos
        ↓
Mapa da situação atual
        ↓
Mapa da situação futura
        ↓
Plano de melhorias
(métodos e prioridades)
```

Existem alguns cuidados ao se utilizar o VSM, dentre os quais os principais são:
- entender que o VSM é proveniente do sistema Toyota de produção, em especial para o foco do *lean manufacturing* de automóveis, em que a variedade de produtos é baixa e o número de peças é fixo e geralmente pequeno;
- procurar entender o fluxo lógico do sistema de produção, que é a visão macro de toda a cadeia produtiva;
- mapear todos os processos, identificando-os de acordo com símbolos técnicos que representam: fornecedores, entrada de insumos, espera de insumos, fluxo de insumos, *takt time*, *setup time*, estações de trabalho,

pessoas/competências, dados e informações (das mais diversas ligadas ao sistema), pontos de gargalo, possíveis problemas ou erros, produto final, pontos de controle, clientes internos, clientes externos e outros;
- definir o produto (bem ou serviço) com base nos requisitos e necessidades do cliente e nos parâmetros técnicos internos da organização;
- identificar as estações de trabalho críticas que podem gerar gargalo – atrasos no *takt time* – ou aquelas que podem provocar perdas, por erros ou falhas;
- definir o *takt time* das estações de trabalho, projetando-o para todo o sistema;
- identificar competências que fortaleçam a produção *lean*, puxada, no *takt time*;
- definir os produtos específicos ou a família de produtos com a mesma orientação;
- orientar o desenho do mapa VSM para que apresente o "fluxo do valor" das atividades processuais, ou seja: os processos e os elementos físicos que os compõem e suas interconexões;
- trabalhar na motivação e na coordenação das pessoas para realizarem o mapeamento, principalmente quanto à implementação de melhorias em processos;
- entender que, geralmente, o desenho do mapa VSM envolve pessoas com conhecimentos técnicos, provenientes das áreas de manufatura;
- conhecer os princípios do modelo *lean manufacturing*, principalmente quanto ao *lead time*, pois o mapeamento dos processos deve considerar exatamente o que este preconiza, ou seja, o tempo que o conjunto de processos consome para entregar o produto acabado ao cliente, desde a chegada das matérias-primas necessárias ao seu manufaturamento (Ohno, 1997); e
- aplicar o VSM quando a organização trabalha com grande volume de produção; com pequena quantidade de variedade de produtos; com poucos componentes e com equipamentos dedicados às atividades da estação de trabalho, os quais têm um encaminhamento (rota) curto e bem definido, típicos do sistema Toyota de produção – caso contrário, não é aconselhável a aplicação do método, em razão do aumento da complexidade e identificação dos detalhes da alta quantidade de componentes, equipamentos e conhecimentos específicos em cada estação de trabalho.

> *Fique ligado!*
> As empresas que reduzem o *lead time* e controlam ou eliminam variâncias inesperadas na produção têm mais flexibilidade para satisfazer às necessidades dos clientes, ao mesmo tempo que conseguem reduzir os custos (Bowersox; Closs; Cooper, 2006, p. 92).

Para o desenho do mapa VSM, não há um padrão para denotar os símbolos a serem adotados (o mapa do fluxo de valor). Muitos símbolos presentes no mercado corporativo para desenhar mapas VSM derivam do *lean manufacturing* do sistema Toyota de produção; porém, existem alguns que são conhecidos academicamente e muito utilizados no mundo corporativo, conforme apresentado na tabela Asaw (Quadro 2.3).

Quadro 2.3 – Tabela Asaw – Símbolos que podem ser utilizados na ferramenta VSM

Símbolo	Significado	Descrição	Explicação
L/T	*Lead time*	Tempo de processo	Tempo gasto no processamento ou fabricação do produto: inicia atendendo ao pedido do cliente e finaliza ao entregar o produto (bem/serviço).
P: D	*Production: Delivery*	Produção e entrega	É o tempo relativo entre produzir e entregar o produto/serviço, dado por: $$P:D = \frac{lead\ time}{tempo\ de\ entrega}$$
Takt	*Takt time*	Tempo do ritmo de produção	Mede o volume de produção para atender à demanda do cliente, dado por: $$takt = \frac{tempo\ disponível\ para\ produzir}{quantidade\ solicitada}$$
OCT	*Operator Cycle of Time*	Ciclo do trabalho do operador	Refere-se ao tempo que o funcionário necessita para cumprir o ciclo de operações destinado à produção.
MCT	*Machine Cycle of Time*	Ciclo de tempo da máquina	Tempo utilizado pela máquina para executar sua tarefa (em segundos).
PPM	*Parts Per Million*	Partes por milhão	Quantidade de partes/peças com defeito por milhão produzida.

(continua)

(Quadro 2.3 – conclusão)

Símbolo	Significado	Descrição	Explicação
Scrap	Extrato; fragmentação	Taxa de rejeição	Número que representa a relação entre peças com defeito dentre as peças produzidas, dado por: $$scrap = \frac{n.\ peças\ com\ defeitor}{n.\ total\ de\ peças\ produzidas}$$
Rework	Retrabalho	Taxa de retrabalho	Número de produtos novamente fabricados, dado por: $$rework = \frac{n.\ produtos\ refabricados}{n.\ total\ produzido}$$
Yeld	Taxa de rendimento	Taxa de rendimento	Taxa de rendimento (em %) da produção, dado por: $$yeld = \frac{total\ da\ produção}{total\ da\ produção\ rejeitada}$$
HF	*Hand Frequency*	Frequência de manuseio	É o número de vezes que uma peça, um item de produção é manuseado.
RP	*Reject Pareto*	Número de rejeitos	É a frequência (o número total absoluto) de itens/peças defeituosos rejeitados na produção, por turno.
ST	*Setup Time*	Tempo de troca	Tempo entre a última peça produzida até o início da produção da próxima peça na mesma estação ou linha produtiva.
T/C	*Cycle Time*	Tempo de ciclo	É o tempo de fabricar um produto dentro da estação de trabalho.

Vieira (2006, p. 47) apresenta a definição de alguns elementos que compõem os símbolos de um VSM (Quadro 2.4):

    a. Caixa de Processo – representa as estações de processos. É o estágio onde se agrega valor ao produto. É entendido como um agregador de valor ao local onde há modificação ou transformação de matéria ou informação;

    b. Caixa de Dados – é o elemento onde se descrevem os dados relativos aos processos, os quais incluem o tempo de ciclo, o tempo de setup e outros; cada caixa de processos possui uma caixa de dados;

    c. Identificação da Forma com que o Sistema Flui – representado pelo sentido do fluxo de material, indicando se o fluxo é "empurrado" ou "puxado";

    d. Estoques – é o elemento que indica a existência de estoque, seja em processo, matéria-prima ou produto final. Esse elemento é um dos mais importantes pois a existência de estoques revela a existência de problemas quando utilizado o sistema Lean;

e. Planta ou Fábrica – é o símbolo que representa um fornecedor ou cliente localizado fisicamente fora da empresa mapeada;

f. Meio de Transporte – é o meio, o veículo utilizado para a entrega e recebimento de produto acabado e matéria-prima;

g. Fluxo de Informação – é o elemento que mostra o sentido em que a informação flui, inclusive indicando se ela é eletrônica ou convencional (analógica).

Quadro 2.4 – Elementos do mapa de fluxo de valor (VSM)

Ícone	Nome	Ícone	Nome
	Caixa de processo		Supermercado (processo "puxado")
	Caixa de dados		Método Fifo – *First-In, First-Out* (processo "puxado")
	Processo "empurrado"		Comunicação convencional
	Estoque		Comunicação por meio eletrônico
	Planta ou fábrica		Caixa do PCP e MRP

Fonte: Adaptado de Vieira, 2006, p. 47.

Para saber mais

Se você deseja se aprofundar no VSM, veja algumas dicas interessantes.

Confira como mapear seus processos.

STRATEGOS. **How to Chart (Map) Your Process**: a Step-By-Step Tutorial. Disponível em: <http://www.strategosinc.com/process_map_example.htm>. Acesso em: 23 ago. 2015.

Saiba sobre os *softwares* disponíveis no mercado para aplicar VSM nas empresas e um exemplo de como desenvolver mapas da situação corrente e da situação futura para os processos organizacionais.

STRATEGOS. **Software for Value Stream Mapping**. Disponível em: <http://www.strategosinc.com/value_stream_mapping_software.htm>. Acesso em: 23 ago. 2015.

Assista a um exemplo de VSM. EMS CONSULTING GROUP. **Value Stream Mapping**. 2012. Disponível em: <https://www.youtube.com/watch?v=HKxL_S47yJg>. Acesso em: 23 ago. 2015.

2.2.11 Modelo conceitual dos 5W2H (ou 7W3H)

5W2H é uma ferramenta administrativa cuja finalidade é realizar um diagnóstico dos processos da empresa, para elaboração de planos de ação. Por sua simplicidade, objetividade e orientação à ação, tem sido muito utilizada em gestão de projetos, análise de negócios, elaboração de planos de negócio, planejamento estratégico e outras áreas de gestão.

Essa técnica se baseia na prática de realizar sete perguntas a cada ação a ser executada na empresa (Figura 2.16), que são: "O quê?", "Por quê?", "Onde?", "Quando?", "Quem?", "Como?" e "Quanto?".

Figura 2.16 – Elementos 5W2H

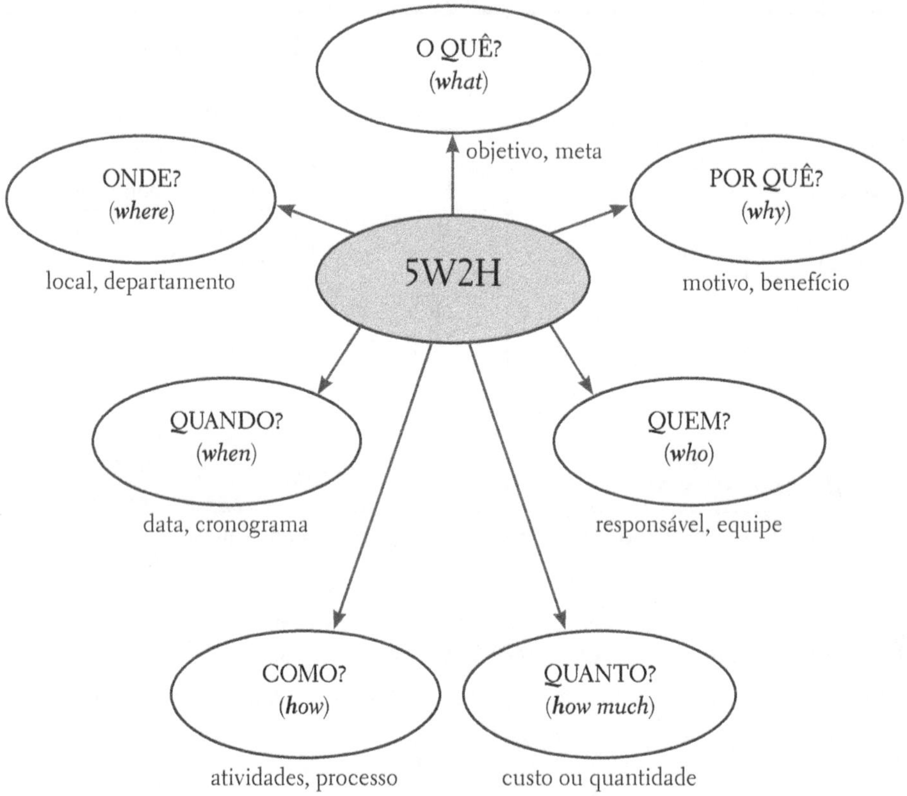

Fonte: Gomes, 2014.

Entretanto, a técnica 5W2H pode ser ampliada, para efeitos de mapear a relação causa/efeito/explicação/decisão, em dez perguntas (sendo conhecida, então, como *7W3H*), que são apresentadas no Quadro 2.5.

Quadro 2.5 – Dez questionamentos para elaborar planos de ação com 7W3H

Perguntas 7W3H	Definição	Explicação
What?	O quê?	É o objeto que se está referenciando, mapeando.
Who?	Quem?	É o sujeito em discussão e pode ser um processo, um material, uma pessoa.
Where?	Onde?	É a especificação do local, da área, do ambiente.
When?	Quando?	É a definição do tempo, da temporalidade, da data, do cronograma em que a atividade é executada.
Why?	Por quê?	Explicita a razão, o motivo, a necessidade da atividade.
Which?	Com qual?	Define a decisão seletiva, especificando qual o tipo de material, pessoa, equipamento, peça ou outro objeto é utilizado.
While?	Enquanto?	Define a decisão temporal de situação que perdura naquele período de tempo, sob aquelas situações que, caso algum mude, direcionam a um novo 7W3H.
How?	Como?	Define o método, a maneira pela qual a atividade deve ser executada.
How much?	Quanto?	Define o valor que a atividade custa, gera, necessita.
How to measure?	Como medir?	Define e apresenta os indicadores necessários para o monitoramento da atividade, permitindo acompanhamento do cumprimento das metas/ objetivo estratégico.

As perguntas, embora consideradas diretas, são direcionadas ao plano estratégico (resultado do planejamento estratégico), colaborando para a definição dos dez elementos necessários à execução das atividades do plano de ação.

O objetivo é facilitar o diagnóstico de um ambiente ou situação de produção ou o mapeamento das atividades desse plano, utilizando uma forma "provocativa" de perguntas que instigue respostas, para que se entenda aquilo que deverá ser executado e que está determinado nele.

O plano de ação baseado na análise 7W3H tem também por finalidade contemplar requisitos, necessidades e exigências do contexto do negócio, com estabelecimento de procedimentos e funções que permitam atingir metas previamente estabelecidas, "aumentando a capacidade de obter impactos positivos e diminuir impactos negativos" (PMI, 2004).

Existem muitos *sites* na internet que disponibilizam planilhas eletrônicas 5W2H com o objetivo de facilitar a elaboração dos planos de ação da empresa. A Figura 2.17 traz um exemplo disso.

Figura 2.17 – Planilha Microsoft Excel® do 5W2H

> **Para saber mais**
>
> Acesse o *site* do Project Builder, baixe um *template* gratuito da ferramenta 5W2H e descubra como acelerar a produtividade da sua empresa por meio dessa técnica.
>
> REIS, T. **5W2H**: o que é e como utilizá-lo? Disponível em: <http://www.projectbuilder.com.br/blog-pb/entry/pratica/template-gratuito-de-plano-de-acao-como-usar-o-5w2h-para-acelerar-sua-produtividade>. Acesso em: 23 ago. 2015.

2.2.12 TOC (*Theory of Constraints*)

Taylor e Fayol destacaram a necessidade de administrar cientificamente as empresas, com teorias que defendem a especialização das pessoas com vistas a executarem as ações para a produção. Parte-se então para a afirmação de conceitos como *produção em massa, produção em série, linha de produção, produtividade, competitividade, qualidade* e *menor custo*, tudo ligado à entrega de produtos ao cliente.

Quando os japoneses introduziram o conceito do *sistema Toyota de produção* – o tema será apresentado e detalhado no Capítulo 4 –, fizeram com que a preocupação com o custo e a qualidade em produzir fosse destacada e adotada como prática de competitividade da empresa. O sucesso foi garantido no mundo competitivo em que o controle da produção tinha que estar monitorado e ajustado sobre um *takt time* e um *lead time* planejado, ou seja, um ciclo de produção tal que os produtos fossem fabricados dentro de um limite mínimo e máximo de tempo, evitando gargalo (tempos de espera), erros com demora a serem solucionados, retrabalho por falta de coordenação de atividades e rigorosos métodos de garantia da qualidade total dos produtos. Isso favoreceu o surgimento da **teoria das restrições** (*Theory of Constraints* – TOC) ou **gerenciamento das restrições** (GDR), focando o aspecto da produção eficiente e eficaz.

Essa teoria foi idealizada pelo israelense Eliyahu M. Goldratt, em 1982, em seu livro A *meta*, fruto do estudo de defeitos de eficiência de produção e, consequentemente, das causas dessas incorreções. Nesse trabalho, foi apresentada então a lógica de um método de produção que enfatiza a definição do número de restrições que afetam o fluxo de produção, propondo a identificação destes em árvores de mapeamento, de modo a evitar defeitos (falhas) nos sistemas produtivos, melhorando-os (Tulasi; Rao, 2012).

A teoria das restrições especifica que a empresa deverá produzir, em suas estações de trabalho, exatamente aquilo que foi planejado como meta de cada uma, limitando então a eficiência em relação às metas individuais das estações de trabalho, por toda a linha de produção, de modo a interligar metodologicamente a organização entre pessoas e materiais. Esse princípio é o resultado da aplicação dessa metodologia, que preconiza o mapeamento (*roadmap*) da linha de produção de forma que descreva a rota de produção em um esquema de árvore lógica, em que a raiz representa o início (a causa), os ramos (as rotas), as tomadas de decisão e os caminhos, bem como as decisões tomadas para seguir tais caminhos, guiando para a estruturação de identificação de problemas, proposta e construção de soluções, identificação de barreiras a serem superadas e aplicação das mudanças necessárias, até o final (nó folha) da árvore.

O mapeamento final, representado por uma árvore de decisões e caminhamentos, deve ser regido por questões lógicas, pelo uso de perguntas básicas chamadas *categories of legitimate reservation* (CLR), que facilitam a identificação e aplicação de correções no fluxo da produção (Mabin, 1999):

- O que deve ser mudado?
- Para o que deve ser mudado?
- Como promover a mudança?

Sob esse aspecto, Goldratt e Cox (1997) entendem que a empresa é como uma corrente, cujos elos são independentes, mas interligados, e que se algum problema ocorrer, uma decisão deve ser tomada para mudar a situação atual em outra, melhor, que fortaleça a eficiência e o desempenho. Mas foi em 1990 que Goldratt idealizou e, em 1992, ele e Cox introduziram o pensamento de que em qualquer sistema existem restrições que impedem os processos de atingirem as metas. Os dois apresentaram então cinco passos para fortalecer a eficiência e o desempenho desejados à produção (Mabin, 1999, p. 3):

1. Identifique a restrição – Encontre a operação que limita a produtividade de todo o sistema; ela pode ser física ou política (de gestão).
2. Explore a restrição – Estude os processos de forma a definir a melhor saída (entrega) com base nas restrições: reduza (ou elimine) a limitação que prejudica o fluxo e o tempo de produção.
3. Subordine outras atividades à restrição – Faça com que as saídas de um processo atendam às restrições de entrada do próximo processo: foque no esforço de evitar estoque (acúmulo de materiais), tempo de espera e retrabalho.
4. Eleve a restrição – Aumente a limitação dos processos que ainda não têm condições de produzir saídas que garantam investimentos em novas máquinas ou novos funcionários para aumentar a produção e a produtividade.
5. Se não houver mudanças, volte ao passo 1 – Caso tenha avaliado todos os processos, operações e políticas e ainda tenha encontrado alguma restrição; isso irá limitar a produtividade e a melhoria do sistema.

Em 1994, Goldratt, juntamente com Coman e Ronen (1994), adicionaram mais duas etapas ao TOC, oportunizando o surgimento do *TOC Thinking Processes* (pensamento processual da teoria das restrições) – Figura 2.18 – no sentido de imputar o foco (visão) aos processos:

6. Defina os objetivos do sistema; e
7. Determine apropriadamente medidas de desempenho simples e globais às metas.

Figura 2.18 – Pensamento processual da Teoria das Restrições

Pensamento sistêmico da teoria das restrições (TOC *Systems Thinking*)		
Lógica causa/efeito (pelas condições lógicas suficientemente mapeadas)	Condição lógica necessária	Verificação do efeito lógico (categorias de legitimidade)

O problema
↓
Árvore da realidade atual
↓
Nuvem
↓
Nuvem + Injeção
↓
Árvore da realidade futura
↓
A SOLUÇÃO

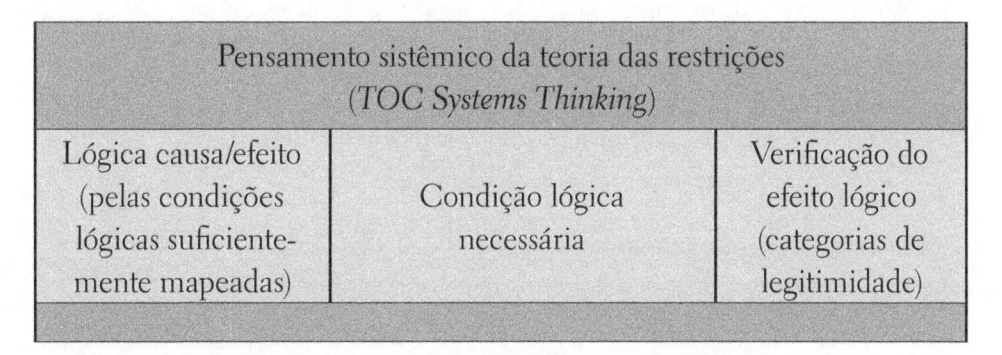

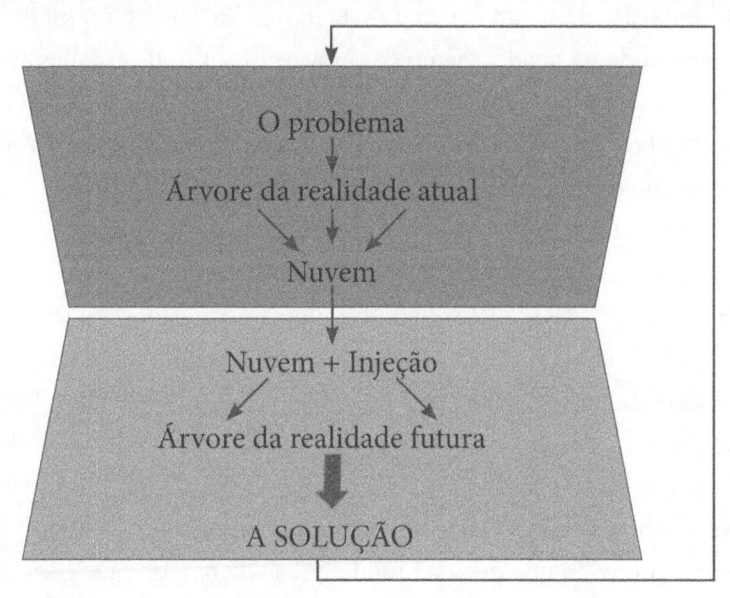

Fonte: Adaptado de Tulasi; Rao, 2012, p. 338.

Moura (1989, p. 228) destaca que as relações entre o TOC (ou GDR) são "culturais". Ou seja, defende o princípio de que os empregados não são diferentes, mas sim as medições e as diretrizes do gerente. Empregado parado da linha de produção não é "crime"; material parado sim! Segundo o autor, muitas normas e conceitos do *kanban* concordam com as do TOC. Moura (1989, p. 227) apresenta nove regras para melhor compreensão dessa teoria:

1. Balancear o fluxo, não a capacidade;
2. As restrições determinam a utilização onde não é gargalo;
3. A ativação não é igual à utilização de um recurso;
4. Uma hora perdida em um gargalo é uma hora perdida no sistema inteiro;
5. Uma hora economizada onde não é gargalo é apenas uma miragem;

6. Os gargalos governam o volume de vendas e o inventário;
7. O lote de transferência não deve ser sempre igual ao lote de produção;
8. O lote de produção deve ser variável e não fixo;
9. Executar um programa examinando todas as restrições simultaneamente.

Para implantar esse pensamento processual, o TOC orienta que sejam mapeados os processos do sistema produtivo em cinco tipos de árvores:

1. **CRT (*Current Reality Tree*)** – árvore da realidade atual) – Mapeamento que destaca a estrutura lógica do estado real do sistema no momento, apresentando o encadeamento das prováveis causas dos problemas, cujas circunstâncias definem o que deve ser mudado.

2. **EC (*Evaporating Clouds*)** – nuvens de vaporização) – Uma vez identificado o que deve ser mudado, o mapeamento destaca:
   - duas necessidades opostas (em conflito);
   - a necessidade que cada uma tenta satisfazer; e
   - uma meta (ou objetivo) comum que ambas as necessidades tentam satisfazer.

   Em seguida, com foco nos processos mapeados, deve-se identificar e resolver as causas dos conflitos que impedem a realidade (o estado atual) de atingir a meta (o objetivo).

3. **FRT (*Future Reality Tree*)** – árvore de realidade futura) – Com questionamentos como "O que deve ser mudado?" e "Para o que deve ser mudado?", o mapeamento do sistema identifica as alterações necessárias e o seu respectivo impacto futuro, e apresenta ramos que possibilitem minimizar futuros impactos negativos ou problemas negligenciados, resultando em uma árvore descritiva de efeitos desejáveis, que fomente compreensão, comunicação e aceitação das novas ações.

4. **PRT (*Prerequisite Tree*)** – árvore de pré-requisitos) – A função é identificar elementos críticos, obstáculos, questionando se o que está descrito "É o suficiente?" para que a solução seja implementada. Para facilitar essa construção, deve-se fazer duas perguntas a cada processo:
   - "O objetivo (meta) proposto é uma condição crítica?"; se sim, o PRT deve apresentar o mapeamento que possibilite alcançar o objetivo (a meta); e
   - "Já sabemos como conseguir?"; se não, o mapeamento do PRT deve ajudar a encontrar os elementos críticos (obstáculos) para solucioná-los.

5. **TT** (*Transition Tree*) – árvore de transição) – O propósito é descrever as ações necessárias para apresentar a solução, utilizando o método causa/efeito e construindo os detalhes do plano de ação para analisar as transições (daí "árvore de transição") que proporcionem mudanças a serem implementadas passo a passo na linha de produção.

As cinco árvores podem ser utilizadas individualmente ou em conjunto, dependendo da complexidade do sistema produtivo a ser mapeado. Contudo, o particionamento lógico dos ramos de cada uma deve se basear no método causa/efeito para implementar mudanças que solucionem problemas.

A filosofia do TOC pode ser associada com as técnicas do *kanban*, pois ambos utilizam conceitos de *unidade do lote, lote de processo* e *lote de transferência*, a forma como os empregados são distribuídos (ou designados) no sistema produtivo, *lead time* e outros conceitos. O Quadro 2.6, a seguir, apresenta uma comparação dos tipos de gerenciamento aplicado pelo TOC/GDR e pelo *kanban* (Moura, 1989).

Quadro 2.6 – Comparação dos tipos de gerenciamento TOC/GDR e *kanban*

Conceito	TOC/GDR	*Kanban*
Visão do inventário	Um dreno na posição competitiva	Mal, uma perda
Filas e pulmões Estoque em processo	Apenas nos pontos críticos para proteger as vendas	Pequenos em todos os lugares
Ponto de programa mestre	Recursos críticos	Montagem final
Controle para adesão ao programa	A adesão ao programa é uma medição de alta prioridade do desempenho nos pontos críticos	Limite do pulmão reforçado rigorosamente
Restrições	A função crítica reconheceu, administrou de perto, concentrou os melhoramentos feitos	O impacto aparecerá à medida que os pulmões forem reduzidos e os melhoramentos feitos
Tamanhos do lote	Lote flexível de processo, escolha para maximizar as vendas, direção para muito pequenos	Lotes pequenos de transferência flexível de processo, direção para tamanho do lote = 1
Mão de obra e capacidade de redução do tempo de preparação	• Melhorar a preparação dos recursos críticos • Romper os gargalos, aumentar as vendas, permitir algum excesso em outro lugar para flexibilidade • Os investimentos não gargalos são perdas	• Preparação com um dígito em todos os lugares • Permitir algum excesso para proporcionar flexibilidade
Identificação e oportunidade de melhoramento	• Identificar os recursos críticos e se concentrar neles, manter o máximo de vendas • Começar pelas operações críticas, melhoramentos contínuos, auxiliados pelas operações sincronizadas	• Reduzir os pulmões para forçar a solução dos problemas, permitir paradas • Zero defeitos

Fonte: Adaptado de Moura, 1989, p. 230.

2.1.13 Six Sigma

Six Sigma é um método que incentiva a organização a oferecer bens e serviços de melhor qualidade aos clientes. Para Pyzdek e Keller (2011, p. 5), trata-se da "aplicação do método científico para o projeto e operação dos sistemas de gerenciamento e processos de negócios, os quais dão condições aos funcionários de entregarem mais valor aos clientes e empregadores".

O método científico deve funcionar em cinco fases:

1. observação dos aspectos importantes do mercado (do negócio);
2. desenvolvimento de uma hipótese sobre as observações;
3. elaboração de previsões com base nas observações;
4. teste das previsões (verificando se estão de acordo com a hipótese); e
5. repetição dos passos anteriores até que não existam mais discrepâncias entre hipóteses e resultados dos testes.

Para garantir a qualidade, o *Six Sigma* apresenta seis passos para que a gestão do processo do negócio garanta a melhoria da qualidade dos produtos (Eckes, 2001):

1. criação e acordo sobre os objetivos estratégicos do negócio;
2. criação dos processos essenciais, subprocessos-chave e processos capacitadores;
3. identificação dos "donos dos processos";
4. criação e validação dos "painéis" de mensuração;
5. coleta de dados para os painéis; e
6. definição dos critérios para a seleção de projetos e escolha dos primeiros projetos.

Como forma de entregar a qualidade de cada um dos passos anteriormente enumerados e para assegurar a efetiva gestão do processo do negócio, Eckes (2001, p. 71) propõe a implementação do *Six Sigma* numa abordagem *top-down* (do geral para o específico) na visão dos processos em sete fases:

1. definir o processo a ser mapeado, partindo do geral para o específico, com detalhamento (explosão) de cada um dos processos interligados por linhas de informações e controle;
2. estabelecer os pontos de início e fim do processo, ou seja, as delimitações que definem as "fronteiras": onde um processo termina de executar a transformação sobre suas entradas e a entrega para o outro processo;
3. determinar o resultado do processo, apresentando o que ele efetivamente transformou e irá entregar ao cliente (que pode ser outro processo); deve estar de acordo com o escopo inicial, com seus parâmetros, suas

especificações técnicas e outros fatores que determinam a qualidade efetiva dele;
4. determinar os clientes do processo, os interessados que aguardam um resultado válido a seus desejos e necessidades;
5. determinar as exigências dos clientes, definindo claramente os seus desejos e necessidades, os quais irão compor os requisitos mínimos de qualidade ao desenvolver e entregar os processos de fabricação do produto (bem ou serviço);
6. identificar os fornecedores do processo e obter o acordo sobre as entradas dele, estabelecendo os relacionamentos da cadeia de valor entre fornecedores dos insumos (entradas dos processos) e as especificações técnicas, as informações, as necessidades e desejos dos clientes e da empresa quanto às entradas para cada processo mapeado que irá transformá-los em um produto válido para o mercado consumidor; e
7. obter o acordo das determinações e identificações das fases 5, 6 e 7 para que se garanta a qualidade exigida durante todo o ciclo de vida da produção.

A ferramenta que o *Six Sigma* utiliza para que o método possa ser implementado na empresa é uma planilha de informações (Quadro 2.7).

Quadro 2.7 – Planilha de apoio à implementação do *Six Sigma*

Objeto a medir (o que medir)	Tipo de medida	Tipo de dado	Definição operacional	Forma da coleta de dados	Base do *Six Sigma*

Fonte: Adaptado de Eckes, 2001, p. 86.

A referida planilha deve ser preenchida pelos gestores de acordo com o conhecimento necessário sobre os princípios que a regulam, os quais são:
- identificar, definir e apresentar a visão geral dos princípios de melhoria sobre o processo e/ou produto dentro da empresa, ou seja, definir os detalhes do objeto e do objetivo do que se deseja realizar pelo uso do mapeamento destes em termos de melhoria de qualidade;

- definir o que deve ser medido, ou seja, montar uma equipe que estabeleça a origem dos dados a serem coletados (lidos, capturados), que entendam da importância, da acurácia, da validade e da qualidade deles, dentro das medidas de eficiência e eficácia estabelecidas entre os membros quanto ao objetivo de melhoria do produto/processo;
- definir o tipo de dado a ser coletado, ou seja, os números, que podem ser do tipo discreto (binários: atende/não atende; sim/não; ligado/desligado etc.) e os contínuos (quantidade de empregados, quantidade de peças OK, quantidade de peças NOK, tempo de espera, tempo de processo, peso, largura etc.);
- tomar as decisões com base nas amostras de produção, ou seja, uma parcela de todos os dados (números) que sejam representativos e aleatórios da produção (diária, semanal, mensal, anual) ou do processo em questão, que é coletada para representar o produto (ou o processo) em discussão;
- basear na teoria da variação, ou seja, na coleta de dados de produção (ou outro relacionado a um processo) e na verificação das suas medidas de variabilidade (dispersão) sobre um gráfico (geralmente uma curva normal) que represente a média e os desvios-padrão dos números coletados (que fazem parte da amostra) em relação à média;
- basear na definição dos requisitos operacionais de cada processo em análise, ou seja, todos os envolvidos no processo precisam conhecer os parâmetros, requisitos técnicos e princípios desejados ao seu funcionamento, de forma a não haver dúvidas, ambiguidades ou desconhecimento sobre ele; ou, em outro entendimento, deve ser apoiada por uma clara definição das operações que envolvem cada um dos processos (vide distinção na definição de operações e processo no Capítulo 1);
- basear no método utilizado para o cálculo do *Six Sigma*: primeiro, o método discreto, que considera dados discretos; e segundo, o método contínuo, que leva em conta dados contínuos; para ambos, três elementos devem ser considerados para os cálculos/medições (Eckes, 2001, p. 110):
    1. o objeto em discussão, ou seja, a unidade;
    2. o erro ou o defeito do processo/produto que esteja fora das especificações ou parâmetros inicialmente propostos; e
    3. a definição da possibilidade de esse erro ou defeito ocorrer, a chance de ele existir.

Isso significa que o método utilizado pela ferramenta necessita que os gestores tenham conhecimentos sobre a aplicação matemática prática de, pelo menos, alguns elementos estatísticos, como os que elencados a seguir:

a. Definição do rol de dados a serem submetidos aos cálculos estatísticos para determinação dos *sigma* (sigma é uma letra grega – Σ – que significa, na estatística, variância ou variabilidade existente dentro de um rol de dados, conjunto de dados que sofreu algum tipo de tratamento, como ordenação);
b. Ao ser apresentada uma lista de números de peças produzidas e finalizadas (entregues OK) em uma linha de produção, em um turno, por exemplo, e lançadas em uma planilha no Microsoft Excel® (Figura 2.19).

Figura 2.19 – Exemplo da tela de tratamento de dados no Microsoft Excel®

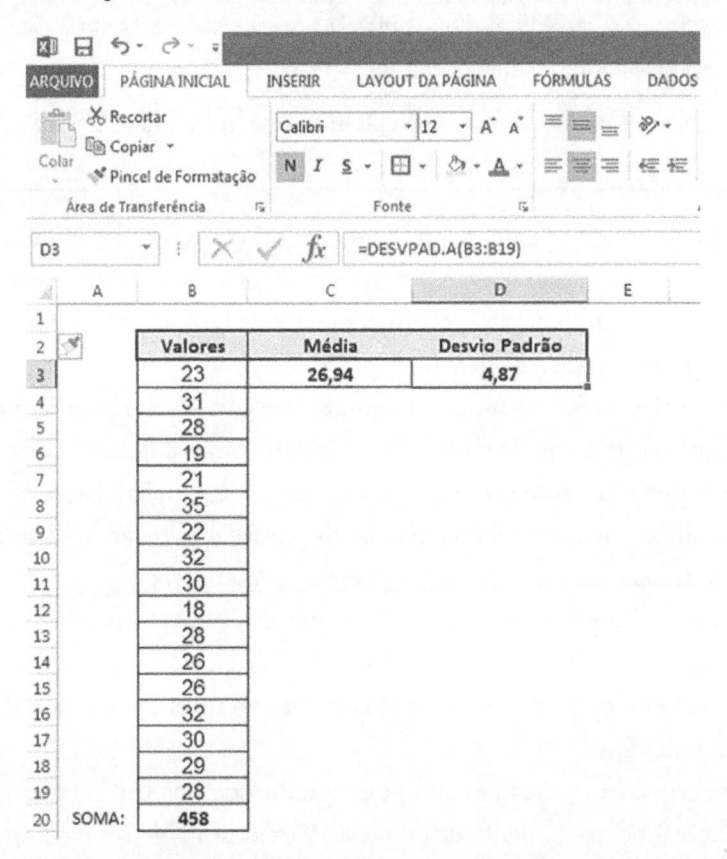

Valores	Média	Desvio Padrão
23	26,94	4,87
31		
28		
19		
21		
35		
22		
32		
30		
18		
28		
26		
26		
32		
30		
29		
28		
SOMA: 458		

c. Como se pode observar, sobre uma lista de 16 números, que podem ser distribuídos em uma curva normal, o desvio-padrão é 4,87, e a média, 26,94. Com esses valores, teremos o primeiro desvio-padrão positivo de 4,87 e o primeiro desvio-padrão negativo de –4,87; o segundo desvio-padrão positivo de 9,74 (que é 2 × 4,87) e o segundo desvio-padrão negativo de –9,74. Em relação à média 26,94, esses valores podem ser observados na Tabela 2.1, a seguir.

Tabela 2.1 – Passos para o cálculo de desvio-padrão

Passo	2º desvio-padrão (–)	1º desvio-padrão (–)	Média	1º desvio-padrão (–)	2º desvio-padrão (–)
1 – Valores de cada	–9,74	–4,87		+4,87	–9,74
2 – Cálculos	26,94 – 9,74	26,94 – 4,87	26,94	26,94 + 4,87	26,94 + 9,74
3 – Resultados	17,20	22,07	26,94	31,81	36,68

Para saber mais

Para aprender mais sobre cálculos que envolvam a estatística descritiva e distribuições (t, Z, entre outras), confira a dica de leitura:

BEZERRA, C. A.; WILDAUER, E. W. **Estatística aplicada**. Curitiba: Positivo, 2014.

Para medir o desempenho daquilo que se está querendo melhorar, é necessária a atenção em acompanhá-lo em termos de indicadores. Um modelo de medição de desempenho deve contemplar oito elementos essenciais para sua aplicação na empresa (Pyzdek; Keller, 2011, p. 88):

1. Categorizar o que significa "desempenho" para o setor/departamento. Isso significa que a equipe gestora deve definir claramente o que a empresa, setor, departamento faz, englobando a estratégia global daquele escopo, definindo objetivos e competências disponíveis, agregando visão de projetos, de sistema e de negócio sobre o escopo apresentado;
2. Definir o "objetivo de desempenho", ou seja, estabelecer o objetivo operacional, explícito, orientado à ação, de forma simples, que seja entendido e compreendido pelas pessoas que compõem o nível operacional do escopo apresentado;
3. Apresentar os "indicadores do desempenho" do objetivo estabelecido para cada setor/departamento da empresa. Como um objetivo é composto por várias metas, cada uma está associada a um processo (subprocessos) operacional claro e bem definido pelas etapas anteriores; desse modo, os indicadores devem ser elaborados de forma simples, clara e que relatem as ações e esclareçam os dados em função do objetivo estabelecido (por exemplo: número peças/hora; tempo serviço/parada; entregas/semana);
4. Apresentar os "elementos de medida" pelos quais o setor/departamento determina "como" a empresa poderá alcançar o desempenho desejado (por exemplo: fonte de suprimentos, grau de qualidade dos fornecedores);

5. Identificar e "definir os parâmetros", os requisitos, as necessidades que cada processo precisa conhecer para que sua execução possa ser efetuada dentro do contexto dos objetivos fixados, com respeito às restrições, limites e controles (por exemplo: número de peças a produzir/máquina, metros quadrados instalados/hora, vazão/minuto etc.);
6. Definir – e apresentar e esclarecer às pessoas envolvidas nos processos do setor/departamento – o "método a ser utilizado" para coletar os dados e as formas de medição a serem aplicadas para, futuramente, divulgar os gráficos ou relatórios de indicadores (por exemplo: treinar pessoal para leitura/acompanhamento de dados de produção);
7. Apresentar "os indicadores" pelos quais os processos do setor/departamento serão monitorados. Nessa fase são explicados os detalhes da construção, da interpretação e forma de análise de cada um deles, servindo de base para avaliação dos processos, de modo que não persistam dúvidas, pois a falta de conhecimento poderá provocar falhas e deixar que estas se mantenham (por exemplo: reuniões com o pessoal de cada área para interpretação e análise de indicadores específicos);
8. Apresentar a "definição dos indicadores específicos" destinados às áreas específicas, explicando como seu comportamento afeta o desempenho de toda a empresa, fornecendo subsídios (informações, métodos, ferramentas) para possibilitar futuras ações de melhoria (por exemplo: painel explicativo das descrições funcionais da área específica, com metas e iniciativas expostas).

Como cada processo, em uma organização, apresenta um grau de desempenho sigma do seu comportamento, que pode ser interpretado por sua equipe de gestores como bom ou ruim, satisfatório ou insatisfatório, o que o define é o conjunto de parâmetros e especificações técnicas previamente estabelecido antes de iniciar o método proposto pelo *Six Sigma*.

É necessário, por isso, que o processo seja submetido a três medições de dados que exprimam esse comportamento e que considere as entradas mais importantes, sob a ótica do objetivo que ele deve realizar quanto à sua execução. A identificação, a coleta e o tratamento dos dados, bem como os respectivos cálculos e interpretação dos resultados, devem fazer parte do processo de melhoria e divulgados a todos os interessados (atores) ou envolvidos, de forma a criar a sinergia proposta pelo método: melhoria contínua, de curto ou longo prazo, com ações imediatas ou permanentes para a qualidade.

O resultado dos cálculos do método *Six Sigma* pode ser expresso em forma de relatórios. Contudo, aqueles que contêm informações específicas são considerados cansativos e demorados para ser lidos e interpretados. Por isso, pessoas envolvidas e interessadas nos resultados que indiquem o valor de sigma preferem que sejam expressos de forma gráfica, pela facilidade em visualizá-los e interpretá-los. Os principais gráficos utilizados são:

- Histograma – Apresenta a relação de dados e resultados separados por um intervalo de classes.
- Gráfico de setores (ou gráfico de pizza) – Resultados individuais representam uma parcela de contribuição em relação ao todo.
- Gráfico de colunas (ou de barras) – Resultados individuais ficam caracterizados em relação a outros, também individuais, que estejam no escopo do problema.

–Síntese

Neste capítulo, foram apresentadas as premissas básicas que um gestor de processos deve conhecer para gerir sua linha de produção, bem como explicados os três principais aspectos que o gerente deve entender para atuar como gestor de processos. As principais técnicas e ferramentas utilizadas para auxiliar o gestor no mapeamento deles, destacando-se *brainstorming*, *brainwriting* e *blueprinting* também foram abordadas.

Como ferramentas, o capítulo tratou da importância de se conhecer e aplicar o diagrama de blocos para mapear processos e de utilizar o fluxograma para descrevê-los com maior riqueza de detalhes. Na sequência, foram discutidas as ferramentas como Idef, WIP, *takt time*, VSM, modelo conceitual 5W2H/7W3H e TOC, além de ter sido apresentada uma descrição básica sobre o *Six Sigma*.

–Questões para revisão

1. Quando um profissional recebe a incumbência de gerenciar processos, imediatamente deve se preocupar em desempenhar, da melhor forma, as funções inerentes ao cargo/posto; portanto, é necessário que conheça os conceitos básicos envolvidos, bem como as técnicas e ferramentas utilizadas na gestão, de forma a melhor coordenar os trabalhos. Cite as cinco premissas básicas de gerenciamento de processos.

2. A gestão de processos envolve três aspectos que se referem à atuação do gerente. Apresente-os e explique-os.

3. Considerando as técnicas que um gestor de processos pode utilizar para realizar o mapeamento de processos, analise as afirmativas a seguir.
   I. Reuniões e *workshops* para obter a opinião, sugestão ou ideias inovadoras, criativas e espontâneas sobre os processos por parte das pessoas que interagem com eles, como *brainstorming* e *brainwriting*.
   II. Desenvolvimento e aplicação de questionários para coletar dados e informações sobre processos.
   III. Análise da documentação dos processos.
   IV. Uso do diagrama de blocos e/ou uso do fluxograma.
   V. Mapeamento do fluxo do valor (VSM).

   Assinale a alternativa correta:
   a) Somente as afirmativas I, III e V estão corretas.
   b) Somente as afirmativas I, III, IV e V estão corretas.
   c) Somente as afirmativas II, III, IV e V estão corretas.
   d) Somente as afirmativas I, II, III e V estão corretas.
   e) As afirmativas I, II, III, IV e V estão corretas.

4. É comum utilizar a ferramenta fluxograma para representar a sequência do fluxo de material (ou de dados) desde o recebimento da matéria-prima na fábrica até a efetiva entrega (saída) ao cliente. Dessa forma, o fluxograma permite simbolizar o caminho percorrido pelos insumos por meio do desenho das setas, dos conectores e das decisões pelas quais o fluxo atravessa. Analise as afirmativas a seguir que dizem respeito aos objetivos dessa diagramação.
   I. Descrever simbolicamente o fluxo dos materiais ou dos dados.
   II. Alterar, remodelar, redefinir toda a operacionalidade do sistema.
   III. Facilitar a análise da sequência de execução dos processos.
   IV. Entender as sucessivas decomposições do sistema em processos e dos processos em subprocessos (atividades, tarefas e ações).
   V. Definir os processos por meio da associação de nomes (geralmente um verbo que exprima a ação executada por eles).

   Assinale a alternativa correta:
   a) As afirmativas I, II e IV estão corretas.
   b) As afirmativas I, III e V estão corretas.
   c) As afirmativas I, III, IV e V estão corretas.
   d) As afirmativas I, II, III e IV estão corretas.
   e) As afirmativas I, II, III, IV e V estão corretas.

5. Como o princípio do *takt time* é permitir o balanceamento da linha de produção em função do tempo de produzir de cada estação de trabalho, o método possibilita que o gestor gerencie melhor os processos envolvidos na produção, uma vez que permite:

   I. ter gargalos ligados ao tempo, por fixar o sincronismo da estação e entre estações de trabalho.
   II. padronizar o tempo de execução das ações ligadas a cada tarefa, fazendo com que cada célula produza aquilo que foi idealizado/projetado para fabricar e entregar ao cliente.
   III. evitar a superprodução, pois cada estação não irá produzir mais do que se espera dela, em razão da limitação do tempo de que dispõe para fabricar. Isso leva a uma estabilidade temporal no sistema produtivo da empresa.
   IV. ter sinergia operacional entre os trabalhadores nas estações que compõem a linha de fabricação. Quando ocorre um erro, falha ou parada de uma das estações, outros podem imediatamente ajudar na solução e procurar sincronizar o tempo das estações para entregar o produto no ritmo previamente definido.

   Sobre a finalidade do *takt time* apresentado nas afirmativas, analise as alternativas a seguir e assinale a correta:
   a) Somente as afirmativas I e III estão corretas.
   b) Somente as afirmativas II e III estão corretas.
   c) Somente as afirmativas I, II e III estão corretas.
   d) Somente as afirmativas II, III e IV estão corretas.
   e) As afirmativas I, II, III e IV estão corretas.

Questões para reflexão

1. O 5W2H é uma ferramenta administrativa cuja finalidade é realizar um diagnóstico dos processos da empresa visando à elaboração de planos de ação. Por sua simplicidade, objetividade e orientação à ação, tem sido muito utilizada em gestão de projetos, análise de negócios, elaboração de planos de negócio, planejamento estratégico e outras áreas de gestão. Ela se baseia na prática de realizar sete perguntas a cada ação a ser executada na empresa. Você pode enumerá-las?

2. O método *blueprinting* é muito simples de ser posto em prática. Teoricamente, essa técnica utiliza as mesmas estratégias iniciais usadas no *brainstorming*, ou seja, grupos de pessoas que trabalham na empresa ou no setor se reúnem para discutir e apresentar ideias e sugestões de melhoria nos processos. Você pode explicar como um gestor de processos pode aplicar o método *blueprint* em sua empresa?

3. VSM é a sigla de *Value Stream Mapping*, que significa mapeamento do fluxo de valor, proveniente do sistema Toyota de produção, o *lean manufacturing*. Trata-se de uma ferramenta de gestão *lean* para mapear o sistema de produção (portanto, todos os processos e atividades) com vistas a ajudar a entender e compreender seu funcionamento, o caminho do fluxo de trabalho, os equipamentos, as pessoas alocadas funcionalmente, a lógica do caminhamento das peças e das informações por todo o sistema, permitindo ainda que, durante o mapeamento, descobertas e novas informações sejam adicionadas ao sistema de forma a melhorá-lo. O objetivo do mapa VSM é gerar valor aos processos empresariais, por meio das descrições que visam facilitar o entendimento e a compreensão do sistema de produção por todos os responsáveis nele envolvidos, expondo os equipamentos, suas localizações, o fluxo lógico da sequência temporal das tarefas, as funções e competências das pessoas. O resultado é a identificação de pontos de melhoria e direcionamento delas para agregar uma forma de valor ao sistema produtivo. Existem alguns cuidados ao se utilizar o VSM. Você é capaz de citar quais são?

4. A filosofia do TOC (teoria das restrições) pode ser associada com as técnicas do *kanban*, pois ambos utilizam conceitos de unidade do lote, lote de processo, lote de transferência, a forma como os empregados são distribuídos (ou designados) no sistema produtivo, *lead time* e outros conceitos. Moura (1989, p. 228) destaca que as relações entre o TOC são "culturais", ou seja, defende o princípio de que os empregados não são diferentes, mas sim as medições e as diretrizes do gerente. Você é capaz de citar quais são as regras e conceitos que Moura apresentou do *kanban* que concordam com as regras do TOC?

5. Para implantar pensamento processual, o TOC orienta que sejam mapeados os processos do sistema produtivo em cinco tipos de árvores. Você é capaz de descrever e explicar quais são as cinco árvores?

> *Para saber mais*
>
> Muitos assuntos foram tratados neste capítulo e várias técnicas introduzidas. Por isso, além das dicas de leitura já apresentadas, é importante que você aprofunde alguns temas. Confira a seguir:
>
> Para saber mais sobre fluxogramas:
> ASME – American Society of Mechanical Engineers. Disponível em: <http://proceedings.asmedigitalcollection.asme.org/>. Acesso em: 13 jul. 2015.
>
> Para saber mais sobre Sipoc:
> HALLOWELL, D. L. **Tools That Complement Sipoc and Help Uncover Details**. Disponível em: <http://www.isixsigma.com/tools-templates/sipoc-copis/tools-complement-sipoc-and-help-uncover-details/>. Acesso em: 15 jun. 2015.
>
> Para saber mais sobre WIP:
> INVESTOPEDIA. **Work In Progress (WIP)**. Disponível em: <http://www.investopedia.com/video/play/work-progress-wip/>. Acesso em: 15 jun. 2015.
>
> STRATEGOS. **Future State Value Stream Mapping, Step-By-Step**: How to Do It; What to Do with It. Disponível em: <http://www.strategosinc.com/value_stream_mapping3.htm>. Acesso em: 24 ago. 2015.

capítulo

3

Conteúdos do capítulo

- Valor e cadeia de valor.
- Aplicação do conceito de valor.
- Elementos que compõem o conceito de valor.
- Fundamentos que caracterizam o conceito de valor.

Após o estudo deste capítulo, você será capaz de:

1. compreender o conceito de valor associado ao custo, à obtenção de um produto, à percepção e à expectativa;
2. compreender o conceito de cadeia de valor;
3. entender a aplicação do conceito de valor no que concerne à qualidade, ao serviço, ao custo e ao tempo de ciclo;
4. entender a aplicação do conceito de cadeia de valor ao cliente.

Conceito de valor na percepção do cliente

Sempre que uma organização elabora e apresenta um produto, seja um bem, seja um serviço, ela está colaborando para a abertura ou a ampliação de um mercado consumidor desse produto e necessita de clientes que o consumam. Eles irão à procura de tal produto quando observarem algum tipo de valor nele. Robbins e Decenzo (2004, p. 306) já enfatizavam que:

> as organizações precisam proporcionar este tipo de valor em seus produtos para atrair e manter clientes. [...] O valor inclui as características, traços e atributos do desempenho, ou quaisquer outros aspectos dos produtos e serviços pelos quais os consumidores estejam dispostos a abrir mão de recursos (geralmente dinheiro).

O **valor** é agregado ao produto quando este dispõe um processo que o faça, ou seja, atividades que inter-relacionem os recursos em algo que o cliente aprove e esteja disposto a adquirir. Tal processo, aliado a outros, forma um conjunto que se distribui em uma "série de atividades de trabalho organizacional que acrescenta valor a cada etapa, começando com o processamento de matérias-primas e terminando com o produto acabado nas mãos dos usuários finais", que corresponde ao conceito de *cadeia de valor* apresentado por Robbins e Decenzo (2004, p. 307).

3.1
Requisitos agregadores de valor

Para que a cadeia de valor possa ser bem gerenciada, é necessária atenção especial aos seis requisitos agregadores de valor (Robbins; Decenzo, 2004, p. 308):

1. coordenação e colaboração de cada envolvido nos processos da cadeia de valor, a fim de contemplar aquilo que é considerado valor pelo cliente;
2. estilo de liderança, com comprometimento ao apoio, à promoção e à implementação de boas práticas de trabalho;
3. recursos humanos (funcionários) com disposição a aprender e a se desenvolver, foco nas funções transversais aos processos, além de capacidade de flexibilidade em atendimento e aceitação às críticas;
4. cultura organizacional e atitudes facilitadoras do compartilhamento de práticas, informações e conhecimento – com atitudes e competências capazes de identificar erros a fim de melhorar processos – e da disseminação do respeito e da atenção às normas e regras organizacionais, passíveis de obterem a confiança de clientes internos e externos mediante diálogos construtivos;
5. uso intenso de tecnologia da informação para agilizar processos que estruturam a cadeia de valor ao cliente, seja com uso computacional de *software*, seja com habilidade de inteligência de negócios, seja com interconexões empresariais;
6. processos organizacionais rotineiramente revisados de modo que, continuamente, melhorem a sua capacidade de agregar valor ao cliente de forma mais econômica e rápida.

A inter-relação entre esses seis requisitos (Figura 3.1) proporciona o maior benefício à cadeia de valor para os clientes: melhora contínua nos serviços/bens, maior agilidade no tempo de resposta e economia de recursos/custos.

Figura 3.1 – Requisitos que devem existir na organização para gerir a cadeia de valor

Diagrama: Cadeia de valor, com os seguintes elementos ao redor: Coordenação e colaboração; Recursos humanos (funcionários); Cultura organizacional e atitudes; Estilo e liderança; Processos organizacionais; Uso de tecnologia da informação.

> **Para saber mais**
>
> Para conhecer mais sobre o termo *valor* e compreender formas de criar valor para o cliente leia o livro *Criando valor para os clientes*, de Gilbert A. Churchill Jr. e J. Paul Peter. Trata-se de um livro de 658 páginas da área de *marketing* que explica como se dão as relações entre os elementos e processos da organização e o cliente.
>
> CHURCHILL JR., G. A.; PETER, J. P. **Marketing**: criando valor para os clientes. São Paulo: Saraiva, 2010.

Partindo da perspectiva de que um processo é um conjunto de atividades que devem agregar valor a ele, podemos dizer que uma atividade agrega valor quando é importante para o processo e quando o produto resultante satifaz o cliente. Por exemplo, em uma loja de varejo, os clientes percebem o atendimento como a disponibilização de informações nos produtos e serviços e outros aspectos. Portanto, mapear processos críticos para agregar valor significa obter informações sobre os processos da organização, descrevendo e classificando as funções por elas desempenhadas. Para tal tarefa, Pinto (1999) enfatiza que se deve procurar documentar o processo já na fase de elaboração do produto (bem ou serviço), indicando de forma

forma clara e completa a sua forma de excecução, e, se for o caso, subdividindo-o em subprocessos, que incluem:
- tempos e fluxos de informação/atividades;
- tempo de espera;
- movimentação (às vezes retrabalho); e
- despacho para o processo seguinte.

A forma mais correta de se agregar valor a um processo, de modo que seja percebido pelo cliente, é o entendimento do conceito de gerenciamento de processos, o qual, segundo Pinto (1999, p. 2),

> [...] *é o conjunto de pessoas, equipamentos, informações, energia, procedimentos e materiais relacionados em atividades para produzir resultados específicos, baseados nas necessidades e desejos dos consumidores. Tudo isto num compromisso contínuo e incessante que é promover o aperfeiçoamento das organizações, trabalhando com atividades que agregam valor ao produto/serviço.*

3.2
Abordagens conceituais sobre valor

Como o conceito de *gerenciamento de processos* cita a agregação de valor, é importante que se tenha em pauta o conceito de *valor* que, de acordo com Macedo e Póv (1995, p. 88, 126), "é a característica que, agregada a um produto ou serviço, melhora a sua qualidade em termos de uma ou mais das suas dimensões". Para Fernandes (1991, p. 166), valor "é um atributo (não existe independentemente) que pode ser aplicado a quase tudo". Já o Dicionário Michaelis (1998, p. 2174) o define como "algo com benefício extra para o usuário". Para o mesmo dicionário, valor agregado é apresentado como "a utilidade de que provém do emprego de uma coisa ou parte dela" (Michaelis, 1998, p. 2174).

Ao citar conceitos de valor, pode-se pensar em outros que a eles se agregam, como o de *preço* e de *custo*. Para Fernandes (1991, p. 167), "Preço é a quantidade de moeda determinada que pode ser trocada por um bem ou serviço. [...] Custo é a quantidade de moeda despendida na produção ou execução do bem ou serviço". A autora apresenta três atributos próprios do valor: é subjetivo; varia com o tempo; e pode ser positivo ou negativo.

Assim, as manifestações positivas de valor são chamadas *benefícios*, e as negativas, *perdas* ou *danos* (Fernandes, 1991, p. 167). O valor positivo do processo é detectado quando os benefícios superam os recursos utilizados, cuja estrutura organizacional deve garantir que o mínimo de recursos à informação esteja disponível e acessível aos clientes. Pode-se então afirmar que um conjunto de ações (atividades) pode agregar ou diminuir valor em serviços e produtos.

A abordagem filosófica descreve o conceito de valor como sendo subjetivo, ou seja, surge com base em uma percepção de acordo com a interação entre o sujeito e o objeto (ou objetivo). Esse conceito deriva das sete classes de valor apresentadas pelo filósofo grego Aristóteles no século III a.C. (Csillag, 1995, p. 61): econômica, política, social, estética, ética, religiosa e judicial. Para cada uma delas, o princípio de que o conceito de valor deriva da percepção entre o sujeito e o objeto em questão é o mesmo.

> *Para saber mais*
>
> A palavra *valor* pode ter muitos conceitos, dependendo do contexto no qual se aplica. Para o estudo das variantes da palavra, leia o livro de João Mário Csillag intitulado *Análise do valor*.
>
> CSILLAG, J. M. **Análise do valor**. 4. ed. São Paulo: Atlas, 1995.

Csillag (1995, p. 61) apresenta o seu conceito de valor, que é dado pela expressão em relação a um objeto, por meio de comparação, cujo resultado é medido monetariamente por quatro categorias distintas:

- O valor de custo é o total de dinheiro empregado em recursos necessário para produzir/obter um item;
- O valor de uso é a medida monetária das propriedades ou qualidades que possibilitam o desempenho de uso, trabalho ou serviço;
- O valor de estima é a medida monetária das propriedades, características ou atratividades que tornam desejável sua posse; e
- O valor de troca é a medida monetária das propriedades ou qualidades de um item que possibilitam sua troca por outra coisa.

Fica evidenciado, nessas categorias, que valor relaciona-se a uma função de custo, ou seja, há uma relação do tipo:

$$\text{valor} = \frac{\text{função}}{\text{custo}}$$

ou

$$\text{valor} = \frac{\text{aquilo que se obtém}}{\text{custo}}$$

ou

$$\text{valor} = \frac{\text{desempenho}}{\text{custo}}$$

ou

$$\text{valor} = \frac{\text{qualidade} + \text{velocidade} + \text{flexibilidade}}{\text{custo}}$$

ou

$$\text{valor} = \frac{p1 \times \text{qualidade} + p2 \times \text{velocidade} + p3^{1} \times \text{flexibilidade}}{\text{custo}}$$

[1] p1, p2 e p3 são fatores ou pesos diferenciados, que podem ser ponderados de acordo com o processo ou a importância.

3.3
Valor na perspectiva do cliente

Seguindo essas relações, o primeiro passo para determinar o valor é definir: "O que querem os clientes?"; "O que significa valor para o cliente do processo (ou do sistema)?". Sendo o cliente o ator que avalia as relações de valor, cada processo deve ser executado de forma que todos os esforços se direcionem para atender a essas demandas ou expectativas, àquilo que ele quer, de forma a satisfazê-lo. Nesse sentido, pode-se apresentar a relação genérica de valor:

$$\text{valor} = \frac{\text{percepção}}{\text{expectativa}}$$

Nessa relação, a expectativa, que geralmente é alta no início, é formada no cliente antes ou durante a execução do processo; caso tenda a permanecer assim, caracteriza o cliente como sendo exigente, que sabe determinar o valor de sua expectativa, daquilo que espera que o processo entregue no final de sua execução. A percepção, por sua vez, é determinada e apresentada pelo cliente exatamente na etapa de entrega (finalização) do produto, no final do seu ciclo, e determinará o real "valor" daquilo que lhe foi entregue, mediante comparação entre o prometido/acordado anteriormente.

A relação de valor entre expectativa dos clientes e entrega do produto (bem ou serviço) pela organização se dá por meio da **troca de informações** associadas a um objeto (ou objetivo) comum, que englobam valor, custo e função do produto (bem ou serviço), de forma que Fernandes (1991, p. 165-166) as apresenta como:

- Informação é todo o esclarecimento que se possa dar a qualquer pessoa sobre o que ela indaga. O conhecimento em qualquer forma através da qual possa ser transferido;
- A informação é vista como um produto/serviço ou até mesmo um recurso, porém único, de natureza específica e características muito próprias;
- A informação é multiplicável – quanto mais for utilizada, mais útil ela se torna; o limite básico é a idade biológica das pessoas e grupos;
- A informação é substituível, ela pode substituir outros recursos como dinheiro, pessoas, matéria-prima etc.
- A informação é difusiva – ela tende a se tornar pública, mesmo que nossos esforços sejam em contrário.
- A informação é compartilhável – bens podem ser trocados, mas, na troca da informação, o vendedor continua possuindo o que ele vendeu.

Se há valor a ser agregado ao processo, então este precisa dispor das informações necessárias para seu funcionamento. Figueiredo (1990, p. 124) alerta que a informação tem seu significado somente no contexto de utilidade para o cliente, orientado para suas necessidades, e deve conter "incrementos de facilidade para atender uma necessidade ou resolver um problema".

Evidencia-se então que cada informação prestada ao cliente, independentemente do processo ao qual está agregada, deve apresentar nove aspectos que definem a sua qualidade dentro de um sistema:

1. ser **precisa**, ou seja, não conter erros;
2. ser **completa**, de forma que contenha todos os fatos (números) importantes (e possíveis);
3. ser **econômica**, de modo que se tenha a relação positiva de sua produção, dada por:

$$\text{informação} = \frac{\text{valor da informação}}{\text{custo da informação}}$$

4. ser **flexível**, podendo ser usada para diversas finalidades;
5. ser **confiável**, embora a confiabilidade venha a depender da fonte de informação;
6. ser **relevante** em determinado momento;
7. ser **simples**, pois a informação em excesso causa sobrecarga de informação;
8. ser **disponibilizada** ou enviada (recuperada, gravada) quando necessário, caracterizando sua temporalidade; e
9. ser **verificável**, permitindo a checagem em várias etapas/fontes da mesma informação.

Desejando atender às expectativas de valor do cliente, os processos organizacionais devem ser (re)vistos e entendidos como parte agregadora ao negócio organizacional. Caso se observe a necessidade de alterar algum deles para contemplar essa premissa, Johansson et al. (1995, p. 55) apresentam três razões que darão início a essa modificação organizacional:

1. redução de custos;
2. renovação da competitividade global; e
3. maior domínio competitivo.

A mudança deve ser iniciada pela identificação das necessidades e dos desejos dos clientes e finalizada com a capacidade de perceber a satisfação deles ante as transformações impetradas nos processos organizacionais. A não percepção da melhoria de valores por parte do cliente significa que os processos consumiram custos, materiais, tempo, pessoas, lideranças, clima organizacional e outros elementos que não agregaram valor ao consumidor, culminando com desperdício e erros não identificados, conforme ilustrado na Figura 3.2.

> **Para saber mais**
>
> Sobre processos, eliminação de desperdícios e redução de custos, assista ao vídeo *Guia de redução de custos e eliminação de desperdícios*. Nele, você encontra dicas de como agir para reduzir custos e eliminar desperdícios em processos organizacionais.
>
> GUIA de redução de custos e eliminação de desperdícios. 17 jan. 2015. Disponível em: <https://www.youtube.com/watch?v=AeTKI8IVv9o>. Acesso em: 7 ago. 2015.

Figura 3.2 – Critérios de valor do cliente externo

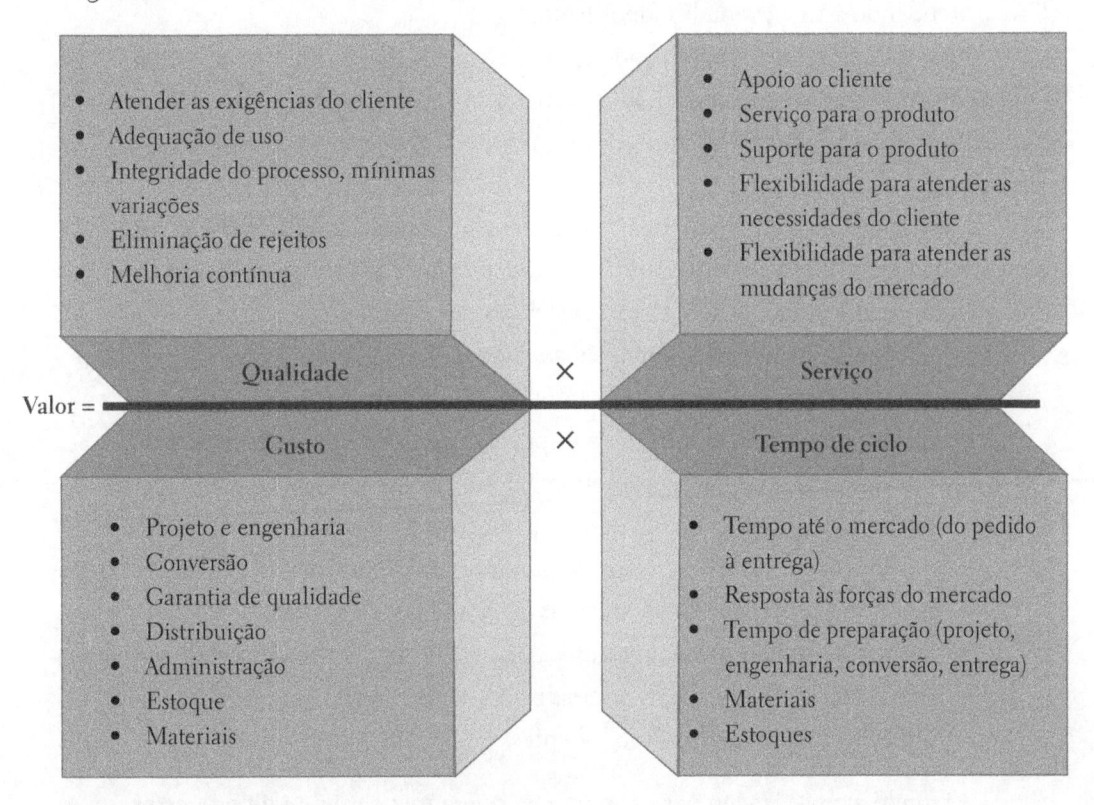

Valor =

Qualidade
- Atender as exigências do cliente
- Adequação de uso
- Integridade do processo, mínimas variações
- Eliminação de rejeitos
- Melhoria contínua

× **Serviço**
- Apoio ao cliente
- Serviço para o produto
- Suporte para o produto
- Flexibilidade para atender as necessidades do cliente
- Flexibilidade para atender as mudanças do mercado

× **Custo**
- Projeto e engenharia
- Conversão
- Garantia de qualidade
- Distribuição
- Administração
- Estoque
- Materiais

Tempo de ciclo
- Tempo até o mercado (do pedido à entrega)
- Resposta às forças do mercado
- Tempo de preparação (projeto, engenharia, conversão, entrega)
- Materiais
- Estoques

Fonte: Carr et al., 1994, p. 30.

Adair e Murray (1996, p. 19) citam que o valor mínimo definido pelo cliente externo diante das mudanças de processos é definido por três fatores:

1. A base de experiências do cliente influi no que ele aceita.
2. O que a concorrência faz influi nas expectativas do cliente.
3. O nível de valor desejado é afetado pela tecnologia.

Isso significa que agregar o máximo de valor aos processos, ouvindo o cliente, atendendo aos seus desejos e dando atenção às suas expectativas, fará com que o valor mínimo da relação apresentada na Figura 3.2 seja atingido; caso contrário, não haverá a manutenção da competitividade da organização, somente a manutenção da sobrevivência dela no mercado. Não existe mágica, e a formulação de políticas e estratégias para agregar valor aos processos parte do princípio de reconhecer o benefício que o cliente pode obter ante os recursos utilizados pela empresa para realizar as atividades de cada processo.

Uma forma de se estabelecerem as prerrogativas para satisfazer os valores dos clientes é agregar o que é valor para eles nos produtos da organização (bens e serviços), mapeando e analisando cada processo de forma a identificar se estão (ou não) atendendo às necessidades identificadas.

Quando processos são mapeados para agregar "valor do cliente" e "valor da organização", eles são (re)avaliados a fim de se verificar se atendem ou não às expectativas. Se não atenderem, devem ser melhorados ou, em alguns casos, eliminados.

Todo esse conjunto de mapeamentos deverá ser realizado de forma a:
- agregar informações gerais e específicas sobre cada processo em si;
- obter informações sobre as expectativas dos clientes;
- agregar informações sobre a capacidade que a organização tem em atender às especificações técnicas e de projeto. Por especificações de projeto entenda-se a eficiência do tempo de resposta, a agilidade na apresentação de resultados, a qualidade prometida para o "encantamento" do cliente – principalmente, quanto a superar as expectativas globais;
- impulsionar a cadeia de valor de processos da organização;
- facilitar a percepção do novo valor agregado dos processos;
- combinar os elementos anteriores para melhorar a competitividade perante os concorrentes (que pode ser realizada mediante apresentação do "valor diferenciado do produto" aos clientes).

Quando a organização passa a perceber que o mapeamento de processos é importante, ela mesma se ajuda no sentido de identificar e proporcionar o entendimento e facilitar a análise de cada processo, bem como as interligações entre equipes e atividades, realizadas de forma mais fácil, mais rápida e com maior efetividade. Consequentemente, o mapeamento será entendido como uma ferramenta que facilitará a futura tomada de decisão, por parte dos gerentes, ao comparar processos (antigos aos novos propostos) ante as novas exigências do mercado (do cliente), agregando valores antes não identificados ou percebidos.

O resultado disso não é a simples permanência no mercado, e sim o aumento da diferenciação em relação aos concorrentes, a percepção pelos clientes, a manutenção da competitividade e a interligação de multiprocessos funcionais por meio de processos mais bem definidos.

– Síntese

Neste capítulo, foi apresentado o conceito de valor sob a perspectiva do cliente, ou seja, quando se está oferecendo um produto, seja um bem, seja um serviço, o que se está oferecendo a ele é um valor. Dessa forma, foram elencados os diferentes aspectos que devem ser atendidos para que seja possível agregar valor aos processos que originam produtos.

Com base nos conceitos de valor e cadeia de valor, foram sinalizados os seis principais requisitos que devem existir na organização para gerir a cadeia de valor. Da mesma forma, a informação – caracterizada por nove elementos que formam a qualidade dela – foi apresentada como sendo a característica que agrega valor aos processos e ao cliente.

– Questões para revisão

1. Mapear processos críticos para agregar valor significa obter informações sobre os processos da organização, descrevendo e classificando as funções por ela desempenhadas. Nesse mapeamento deve haver a preocupação em procurar documentar o processo já na fase de elaboração do produto (bem ou serviço), indicando forma clara e completa a sua forma de execução e, se for o caso, subdividindo-o em subprocessos. Apresente os quatro subprocessos que subdividem o mapeamento de processos críticos agregadores de valor a um processo.

2. Como o conceito de gerenciamento de processos cita a agregação de valor, é importante que se tenha em pauta o conceito de valor. Analise as afirmativas a seguir:
   I. Valor é a característica que, agregada a um produto ou serviço, melhora a sua qualidade em termos de uma ou mais das suas dimensões.
   II. É um atributo (não existe independentemente) que pode ser aplicado a quase tudo.
   III. Algo com benefício extra para o usuário.
   IV. A utilidade que provém do emprego de uma coisa ou parte dela.

Assinale a alternativa correta que corresponde ao conceito de valor:
a) As afirmativas I e II estão corretas.
b) As afirmativas II e III estão corretas.
c) As afirmativas I, II e IV estão corretas.
d) As afirmativas II, III e IV estão corretas.
e) As afirmativas I, II, III e IV estão corretas.

3. O conceito de valor é dado pela expressão em relação a um objeto, por meio de comparação, cujo resultado é medido monetariamente, por quatro categorias distintas. Analise as afirmativas a seguir:
    I. O valor de custo é o total de dinheiro empregado em recursos necessário para produzir/obter um item.
    II. O valor de uso é a medida monetária das propriedades ou qualidades que possibilitam o desempenho de uso, trabalho ou serviço.
    III. O valor de estima é a medida monetária das propriedades, características ou atratividades que tornam desejável sua posse.
    IV. O valor de troca é a medida monetária das propriedades ou qualidades de um item que possibilita sua troca por outra coisa.

    Assinale a alternativa correta sobre o conceito de valor dado pela expressão em relação a um objeto:
    a) As afirmativas I e II estão corretas.
    b) As afirmativas II e III estão corretas.
    c) As afirmativas I, II e IV estão corretas.
    d) As afirmativas II, III e IV estão corretas.
    e) As afirmativas I, II, III e IV estão corretas.

4. Cada informação prestada ao cliente, independentemente do processo ao qual está agregada, deve apresentar nove elementos que definem a sua qualidade dentro de um sistema. Cite as nove características que caracterizam a qualidade da informação.

5. Quando processos são mapeados para agregar "valor do cliente" e "valor da organização", eles são (re)avaliados para verificar se atendem (ou não) às expectativas; se não atenderem, devem ser melhorados ou, em alguns casos, eliminados. Todo este conjunto de mapeamentos deverá ser realizado de forma a agregar determinadas características, que são:
    I. Informações gerais e específicas sobre cada processo em si.
    II. O que a concorrência faz influi nas expectativas do cliente.

III. O nível de valor desejado é afetado pela tecnologia; informações sobre a capacidade que a organização possui em atender às especificações técnicas e de projeto.
IV. Impulsionar a cadeia de valor de processos da organização.
V. Facilitar a percepção do novo valor agregado dos processos.

Assinale a alternativa correta que corresponde às características que agregam valor ao mapeamento de processos:
a) As afirmativas I, II e III estão corretas.
b) As afirmativas II, III, IV e V estão corretas.
c) As afirmativas I, III e IV estão corretas.
d) As afirmativas I, IV e V estão corretas.
e) As afirmativas I, II, III, IV e V estão corretas.

Questões para reflexão

1. Para que a cadeia de valor possa ser bem gerenciada, é necessária atenção especial aos seis requisitos agregadores de valor. Você, como gestor de processos, é capaz de citar três deles?

2. A inter-relação existente entre os requisitos que proporcionam o maior benefício à cadeia de valor para os clientes, tais como melhora contínua nos serviços (bens) e maior agilidade no tempo de resposta e economia de recursos/custos, pode ser representada por uma figura que apresente no centro a cadeia de valor e sua interação com seus requisitos. Desenhe a figura que tenha como elemento central a cadeia de valor e os seis requisitos que o beneficiam.

3. Sendo o cliente o ator que avalia as relações de valor, cada processo deve ser executado de forma que todos os esforços sejam direcionados para atender às demandas ou expectativas dele, de forma a satisfazê-lo. Nesse sentido, pode-se apresentar a relação genérica de valor:

$$valor = \frac{percepção}{expectativa}$$

Você é capaz de explicar essa relação?

4. O valor mínimo definido pelo cliente externo diante das mudanças de processos é indicado por três fatores. Cite quais são eles.

5. Explique quando o valor positivo do processo é detectado.

Para saber mais

Para saber mais sobre os assuntos abordados neste capítulo, como valor, cadeia de valor e dos elementos que compõem a cadeia de valor, procure conferir as seguintes indicações:

Psicologia para administradores de empresas, de Paul Hersey e Kenneth H. Blanchard, é um livro que apresenta os conceitos administrativos do estudo comportamental das pessoas (RH), aborda os elementos que compõem a motivação e o comportamento e analisa fatores ambientais de motivação, de comportamento de liderança, de verificação de eficiência e diagnóstico do ambiente organizacional. A leitura é agradável, contando com a tradução do original de 1969 de Dante Moreira Leite, em 1977, no Brasil.

"A cadeia de valores e as cinco forças competitivas como metodologia de planejamento estratégico", artigo publicado na REBRAE – Revista Brasileira de Estratégia (Curitiba, v. 6, n. 1, p. 11-22, jan/abr. 2013), de autoria de Katiuscia de Fátima Schiemer Vargas, Gilnei Luiz de Moura, Daiane de Fátima dos Santos Bueno e Eliane Suely Everling Paim, versa sobre a cadeia de valor, as cinco forças competitivas de M. Porter e a ligação desses dois elementos ao planejamento estratégico das organizações.

"Cadeia de Valores", vídeo de Michael Eugene Porter, trata dos principais conceitos de cadeia de valor sob a ótica de Porter. Disponível em: <https://www.youtube.com/watch?v=SY7MYKm8iG8>. Acesso em: 7 ago. 2015

capítulo

4

Conteúdos do capítulo

- Origens da produção enxuta.
- Conceito e características da produção enxuta.
- Principais ferramentas.
- Conjunto de práticas da produção enxuta
- Tipos de perdas.
- *Softwares* para mapeamento de processos.

Após o estudo deste capítulo, você será capaz de:

1. compreender os conceitos da produção enxuta e suas características;
2. identificar as principais ferramentas relacionadas à produção enxuta;
3. compreender as práticas de produção enxuta;
4. entender o conceito de perda e os tipos de perdas no processo de produção;
5. compreender o *software* Bizagi no contexto de mapeamento de processos.

Princípios da produção enxuta

Para falar de produção enxuta é necessário tratar de sua origem e identificar os princípios que nortearam (e ainda norteiam) os processos de produção, além de destacar as principais ferramentas às quais recorrem as empresas.

4.1
Origens e princípios da produção enxuta

A produção enxuta teve início nos anos 1949-1950, quando Eiji Toyoda, então responsável pela Toyota Motor Company, em Nagoya, Japão, e seu gestor de produção, Taiichi Ohno, concluíram que não se poderia copiar o modelo de produção em massa norte-americano da Ford para o Japão, pelos seguintes motivos (Womack; Jones; Roos, 1992, p. 40):
   a) o mercado japonês era limitado a veículos governamentais/oficiais, a caminhões militares e a agricultores e transportadoras pequenas;
   b) inserção de leis trabalhistas pelos norte-americanos logo após a Segunda Guerra Mundial e sindicatos com posições de negociação;
   c) pouca propensão a desenvolver novas tecnologias, pela situação pós-guerra da população e preferência maior a trocas comerciais; e
   d) oferta de veículos por outras companhias de outros países.

Esse contexto revelava a dificuldade de seguir modelos ocidentais, fato que levou Ohno a rever a estratégia de produção em massa, iniciando pela prensa de chapas (moldes) na Toyota Motor Company, que dava forma à "lataria" geral dos veículos (portas, capôs etc.), ajustando os mecanismos de trazer os moldes para as posições e tirá-los, ocupando todo o tempo dos funcionários, não os deixando ociosos. Isso reduziu o tempo de produção (mesmo com prensas de "segunda mão" norte-americanas), e o custo por peça prensada por lote passou a ser o menor da indústria, pois trabalhava com o conceito de lotes pequenos, que eliminava custos de estoque de peças acabadas, e erros facilmente detectados e imediatamente corrigidos. Isso fez aumentar a qualidade do cuidado em produzir por parte dos funcionários, eliminando o desperdício de tempo e o material defeituoso, o que passou a qualificar o pessoal de produção e, por conseguinte, motivá-lo pela capacidade produtiva em solucionar problemas.

Outro princípio que a Toyota empregou ao final de 1949 na companhia, em virtude das pressões de sindicatos (recém-reformulados por ideais influenciados pelos norte-americanos), foi a garantia de emprego vitalício de empregados remanescentes de ¼ de demissões; pagamento crescente de salários ao tempo de serviço; e bônus vinculados à produtividade, tratando-se então de uma "Companhia em Comunidade" (Womack; Jones; Roos, 1992, p. 45).

Ohno teve a oportunidade de visitar as fábricas de automóveis de Detroit, nos Estados Unidos, e, mediante observações, voltou à cidade de Toyota, no Japão, com novas perspectivas para sua linha de produção:

1. Aplicação da ideia de agrupar trabalhadores em equipes com competências semelhantes em executar da melhor forma as atividades do setor, nomeando um líder, responsável pela execução das atividades, e evitar erros, problemas ou retrabalho (foi o início do conceito de *qualidade de linha produtiva*);
2. Cada equipe passou a ser responsável pelo correto uso, limpeza, organização e controle dos equipamentos;
3. Aplicação de um alarme (uma corda sobre cada estação de trabalho) acionado pelo trabalhador assim que ele encontrasse (ou cometesse) um erro – que prejudicaria o seu trabalho e de toda a linha de produção – reunindo todas as estações para ajudar a resolvê-lo; assim, todos aprendiam e ajudavam agindo proativamente em soluções;

4. Derivado dessas ações, Ohno propôs a solução sistemática de erros e problemas por meio de cinco perguntas "por quê?" de forma a erradicá-los e encontrar uma solução;
5. Ao fim dos expedientes, colocou as equipes reunidas para propor melhorias, que passariam a incorporar os processos produtivos;
6. Apoio dos gestores em oferecer "tensão criativa" aos funcionários para que se desenvolvessem na solução de problemas e desafios, fazendo o sistema produtivo funcionar de forma harmoniosa, produtiva e tranquila.

A essas etapas deu-se o nome de *Kaizen* (conhecida no Ocidente como *círculos de qualidade*), que passou a garantir a qualidade dos produtos produzidos pela Toyota.

4.2
Ênfases e métodos de funcionamento

Além da preocupação em assegurar a excelência nos produtos fabricados pela empresa, Ohno procurou melhorar o sistema de produção da Toyota ao agregar os fornecedores à produtividade da empresa, de forma a reduzir custos e prazos, aumentar a confiabilidade de entrega (evitar a falta de componentes – peças – ou o estoque deles) e garantir elevada qualidade, desenvolvendo um novo enfoque para gerenciar a situação: a produção enxuta. As ênfases dela eram:

a) organizar os fornecedores em níveis funcionais, de forma que os componentes de diversos fornecedores funcionassem em conformidade quando montados (sistema de direção com os freios e estes com a suspensão, por exemplo) e a especificação técnica, os parâmetros e os princípios funcionais fossem decisões dos engenheiros dos fornecedores;

b) fortalecer a sinergia entre fornecedores (troca de ideias e informações de componentes), passando a integrar parte de suas empresas no grupo toyota (mediante quota acionista);

c) compartilhar os funcionários da toyota com os recursos humanos dos fornecedores, seja no mais alto nível do escopo dos projetos, seja como mão de obra da linha funcional de produção, propiciando forte envolvimento dos fornecedores no desenvolvimento dos seus componentes;

d) aplicar a produção e a entrega de componentes (por parte dos fornecedores) e das peças (dentro da montadora) exatamente na etapa prévia à necessidade de montagem, por meio "do uso de containers, que transportam as peças de uma etapa para a outra. Conforme cada container fosse esvaziado, era mandado de volta para a etapa prévia, sinalizando automaticamente a necessidade de produzir mais peças" (Womack; Jones; Roos, 1992, p. 53).

4.2.1 Método *kanban*

O método de funcionamento *kanban* (etiqueta) – também identificado como *just in time (JIT)* ("no tempo certo") – consiste na "ferramenta para se obter produção no tempo exato" (Monden, 1984, p. 7), caracterizado por ser um cartão (etiqueta) colocado em um envelope e apresentado em duas formas:

1. *Kanban* de requisição (alguns gerentes o chamam de *fornecedor*) – Usado para especificar o tipo e a quantidade do produto que o processo subsequente deverá retirar do processo precedente.
2. *Kanban* de ordem de produção (de produção ou em processo) – Usado para especificar o tipo e a quantidade de produto que o processo precedente terá que produzir.

Os tipos de *kanban* podem ser diversos, de acordo com sua aplicação no favorecimento do "sistema puxado" de produzir desenvolvido pela Toyota. Moura (1989, p. 80-87) os apresenta como:

- **Kanban (cartões)**, cujo propósito é proporcionar uma visão do nível de fábrica; o almoxarifado não deve permanecer fechado durante a execução desse processo, pois precisa garantir a movimentação dos cartões (cujo modelo está exemplificado na Figura 4.1) internamente entre as estações de trabalho, dentro da fábrica (para "puxar" os componentes até a entrega final), para trazer os componentes desde os fornecedores e obter peças do estoque.

Figura 4.1 – Exemplo de um *kanban* (etiqueta)

Kanban de ordem de produção/Serviço/processo			Processo:
Estoque:	Abreviatura do item:		
N. do item:			
Nome do item:			
Tipo do veículo:	Capacidade do contêiner:	N. de emissão:	

Fonte: Adaptado de Moura, 1989, p. 83.

- **Kanban especial**, usado na produção sob encomenda (lotes específicos ou componentes-piloto de novos produtos).

- *Kanban* **de ordem de serviço**, usado na linha de produção por ordem de serviço (OS) e emitido para cada OS.
- *Kanban* **expresso**, usado quando há problemas na linha de produção, causados pela falta de itens (peças), que provocam falha na ordem de processamento de prioridades.
- *Kanban* **de emergência**, muito utilizado quando é verificado o defeito (ou erro) de uma peça ou máquina, quando há uma operação emergencial a ser executada ou uma adição extra de operação. Nesse caso, o lote recebe prioridade por esse tipo de *kanban*, priorizando o sistema Fifo[1] (*First-In, First-Out*) na produção.
- *Kanban* **etiqueta**, que orienta o funcionário quanto ao uso das peças (itens) do estoque (do seu carrinho, contêiner) a usar, uma vez que o sistema "puxado" usa o transporte das peças, quantidades e tempo descritos nas etiquetas, afixadas em ganchos de transporte.
- *Kanban* **de aviso**, que alerta o funcionário sobre o nível crítico da peça no contêiner; muito utilizado na produção encomendada.
- *Kanban* **de gatilho**, que considera a produção em lote na qual é utilizado um cartão para sinalizar a necessidade de reposição de peças à linha de produção.
- *Kanban* **de sinalização**, utilizado quando o tempo de preparo é alto, com necessidade de juntar itens ao contêiner até atingir o lote ideal para aquela fabricação; quando atinge o nível, a etiqueta sinaliza esse estado.
- *Kanban* **contenedor** é o caso em que o próprio contêiner é o cartão, ou seja, as necessidades de um item e seu retorno para a produção são determinadas pelo próprio contêiner, que especifica a sequência e o programa de reposição.
- *Kanban* **carreta ou carrinho**, parecido com o *kanban* contenedor, só que o próprio carrinho (ou carreta de itens) é o elemento que dá a sequência ao programa de reposição, dependendo apenas da especificação do número de carretas.
- *Kanban* **lâmpada/painel indicativo**, que faz uso de sinais luminosos para apontar a necessidade de determinada peça (item) na estação de trabalho, acionando um botão que liga a luz com o número da peça (ou do cartão) necessário para aquela produção, mostrando ao repositor onde retirá-la e onde entregá-la.
- *Kanban* **eletrônico**, que utiliza computadores e equipamentos de tecnologia da informação (TI) para sinalizar a quantidade e os locais de retirada e entrega dos itens necessários à produção da estação de trabalho em questão.

[1] "Primeiro que entra, primeiro que sai".

- **Kanban de fornecimento ou de fornecedor**, que serve para solicitar itens (peças, materiais) aos fornecedores da linha de produção, informando local, data/hora e destinatário referentes à entrega deles.
- **Kanban de retirada**, utilizado para entregar itens (peças, materiais) aos clientes de cada estação da linha de produção (ou do final dela, ao cliente), informando local, data/hora e responsável pelo recebimento deles.

Moura (1989) ainda apresenta a comparação entre o sistema *kanban* e o "tradicional"[2] utilizado em uma linha de produção, conforme apresentado no Quadro 4.1:

[2] Por "tradicional" entenda-se o sistema de produção que não adota os métodos do sistema Toyota de produção, como o sistema da Ford Motor Company.

Quadro 4.1 – Comparação entre o sistema *kanban* e o tradicional, sob a ótica do estoque

Sistema *kanban*	Sistema tradicional
Reduz estoque (estoque aumenta o custo).	Examina a relação entre quantidade de estoque e custo.
A linha de produção para toda vez que ocorre um problema (erro, falha).	Determina a quantidade ideal do estoque.
Requer soluções de melhoria.	O estoque balanceia a linha normalmente.
Evita a reincidência dos problemas, diminui o tempo de preparação e melhoria das operações.	Não solicita melhorias.
Com menos estoques, aparecem os problemas e as ações de melhoria.	Com muito estoque, não há ações de melhoria.
O custo diminui.	O custo não diminui.

Fonte: Adaptado de Moura, 1989, p. 118.

O cálculo do *kanban*, a fim de determinar o fluxo do material e a quantidade de *kanbans*, dependerá do tipo de aplicação. O princípio de cada cálculo é aplicado de acordo com a ideia que o gerente apresenta acerca da fábrica; por exemplo, em uma ideia de minimizar o número de *kanbans* (variável n) para manter peças (itens) apenas no nível necessário que atenda à demanda do cliente durante o *lead time* (procurando reduzir este fator), as variáveis a serem consideradas na linha de produção serão (Moura, 1989, p. 90-95):

n – número de *kanbans*;
D – demanda diária média;
L – *lead time*, ou seja, o tempo de repor uma peça em particular, de preparar e deixar pronta a máquina (equipamento) para a próxima produção (pode incluir os tempos de *setup* – SUT; operação – T_{op}; cura T_c; ou espera – T_e);

α – coeficiente de segurança ou estoque de peças de segurança, definido pelo supervisor da linha de produção;

C – capacidade do contenedor (contêiner).

$$n = (D \times L \times (1 + \alpha)$$

Por exemplo: caso tenhamos uma demanda média diária de 40 unidades para 1 turno, com um *lead time* de 4 horas e a determinação de um estoque de segurança de 10%, com capacidade de 10 unidades por contenedor, teríamos um número *n* de contêiners dado por:

$$n = (D \times L \times (1 + \alpha))$$

Logo,

$$n = \left(\frac{40}{10} \times \frac{4}{8} \times (1 + 0{,}1) \right)$$
$$n = 2{,}2$$

Logo, teríamos que trabalhar com n = 3 cartões *kanban*.

Agora, caso se tenha de determinar quantos cartões *kanban* são necessários para cada peça (item), em cada estação de trabalho, a fórmula será:

$$n = \left(\frac{D \times (T_{op} + T_e) \times (1 + \alpha)}{C} \right)$$

A demanda *D*, neste caso, deve considerar:

U – número de unidades consumidas por máquina, por hora;
M – número de máquinas que consomem unidades;
H – número de horas por turno de consumo; e
S – número de turnos de consumo por dia.

Com isso, é possível fornecer a base para o valor de D:

$$D = U \times M \times H \times S$$

Como o foco deste livro é o mapeamento de processos, você deve ficar ciente de que os números *kanban* (n) servem para montar um rol de dados que expliquem o "estado da produção" naquele determinado período. Eles poderão contribuir na formulação do quadro de informações que permitam identificar erros/falhas e, caso necessário, readequar os processos ora mapeados, apoiando especificamente na determinação de índices (valores para compor indicadores), na adoção de outros modelos (fórmulas) de cálculo do *kanban* (e dos elementos que o formam), que dependem da forma e da necessidade específica que o gerente tem em determinar seus indicadores para a linha de produção.

Como cada linha de produção (fábrica) apresenta um método de trabalho, há agregadas a ela as necessidades dos dados que o gerente determina para que seja possível aplicar um modelo *kanban* que expresse seus valores para compor os indicadores de produção. Tais valores de dados irão compor os índices que formarão os indicadores, com o objetivo de fornecer informação e apoiar a visão e aplicação de melhorias nos processos mapeados.

> *Para saber mais*
>
> Para ampliar seus conhecimentos sobre o *kanban* e os elementos que o compõem, procure ler o livro *Kanban: a simplicidade do controle da produção*, de autoria de Reinaldo Aparecido Moura.
>
> MOURA, R. A. **Kanban**: a simplicidade do controle de produção. São Paulo: Iman, 1989.

4.3
Práticas da produção enxuta

Seguindo no tema do *sistema Toyota de produção*, que agrega todo um conjunto de técnicas (JIT/*kanban*) ao seu sistema produtivo, a Toyota passou a entregar ao mercado produtos com características inerentes ao desejo dos seus clientes:

- Confiabilidade – Realizar, fazer, funcionar exatamente como deve/foi especificado;
- Produção flexível – A habilidade desenvolvida nos funcionários e no método de produção permitia variar o tipo de produto a ser fabricado;
- Redução de custos – A engenharia dos produtos passou a contar com a sinergia de funcionários, fornecedores e engenheiros;
- Variação de produtos – Aumento do portfólio de produtos de acordo com o que os clientes demandavam, inclusive para cada mercado de exportação;
- Produção padronizada em altos volumes – Com variedade de modelos diferentes;
- Pesquisa de mercado – Ouvir os clientes ao planejar novos produtos.

Não obstante, Eiji Toyoda, gestor da Toyota Motor Sales Company, trabalhando com seu gestor de *marketing*, Shotaro Kamiya, procuraram "lidar" com os clientes de forma diferenciada, implementando uma série de ações nas relações entre eles, a companhia e os revendedores, o que chamaram de "vendas agressivas". Ou seja, a revendedora passou a fazer parte do sistema de produção, e o comprador, do processo de desenvolvimento do produto por meio do *kanban*: uma vez que o cliente comprava o produto, os pedidos de vendas eram enviados à montadora para que os produtos fossem fabricados e assim que prontos entregues ao consumidor, com agilidade de pedidos, acompanhamento de produção e entrega realizados por um intenso uso de sistemas de informação (atualmente ERP e *Datawarehouse*).

Nesse sentido, o sistema Toyota de produção conduz uma filosofia segundo a qual os produtos são fabricados somente para atender a uma venda já consumada (em que existe um pedido para sua produção) ou para reposição do que foi vendido. Os produtos não vendidos, portanto em estoque, não são mais produzidos até que seu consumo ocorra e haja um novo pedido de produção para eles.

O que o sistema Toyota de produção apresenta é o método de produzir de forma enxuta – daí o termo *produção enxuta* –, pois enfatiza que deve observar, para que efetivamente se produza, o emprego de:

- menor e menos espaço;
- menor esforço dos funcionários;
- desenvolvimento dos funcionários (liderança, tranquilidade, produtividade, espírito colaborativo), incentivando a criatividade;
- adoção do sistema de controle visual na montagem de componentes (chamado na Toyota de *andon*);
- redução de desperdícios (de tempo e de recursos);
- redução de erros e de problemas, eliminando defeitos com foco na prevenção no lugar de correção;
- foco no fluxo de produção em lotes dentro de uma filosofia embasada no JIT;
- produção sendo puxada por previsões de demandas exatas entre os setores/etapas;
- menor investimento em ferramentas;
- eliminação do conceito de estoque (peças ou componentes);
- integração do sistema de produção com consumidores, revendedores e fábrica;
- desenvolvimento de produtos de forma colaborativa com consumidores e fornecedores, reduzindo assim o tempo de projeto e ampliando o relacionamento entre eles;

- ampliação da variedade da oferta de produtos;
- utilização do *lean manufacturing* para sair do esquema de *build to stock* (construir para gerar pequenos estoques entre as estações de trabalho) em direção ao *build to order* (construir para atender à demanda do cliente interno da linha de produção até satisfazer a demanda do cliente externo), criando o fluxo contínuo para diminuir o *takt time* de produção, a fim de permitir um *lead time* mais eficiente. A Figura 4.2 ilustra essa transição do *build to stock* para o *build to order*.

Figura 4.2 – *Build to stock* (produção por lote) em direção ao *build to order* (produção por fluxo contínuo)

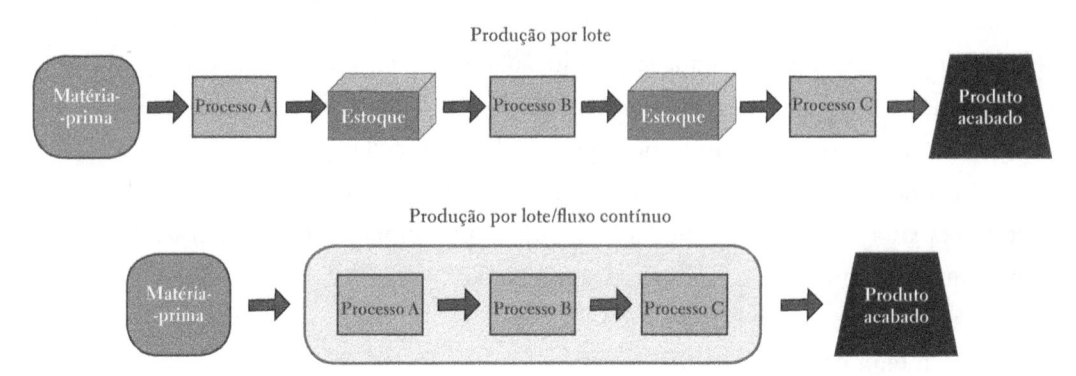

Produção por lote

Matéria-prima → Processo A → Estoque → Processo B → Estoque → Processo C → Produto acabado

Produção por lote/fluxo contínuo

Matéria-prima → (Processo A → Processo B → Processo C) → Produto acabado

O tempo necessário que o sistema Toyota de produção levou para ser desenvolvido, implantado e produzir melhorias significativas à Toyota foi de dez anos – e mais outros dez anos para que fossem disseminadas todas as instruções às plantas produtivas (Shingo, 2000).

Para saber mais

Se você estiver interessado em saber como foi a vida profissional do idealizador do sistema Toyota de produção, assista ao documentário sobre Taiichi Ohno e veja como as realizações dele mudaram organizações produtivas. O material está disponível no YouTube. MEU FILME Taiiche Ohno. 16 fev. 2013. <https://www.youtube.com/watch?v=1SvaVIvbEnM>. Acesso: em 24 ago. 2015.

Shingo (1996, p. 328) define o sistema *kanban* de produção como

> simplesmente um meio de controle e coordenação da produção pela indicação da ordem de produção (o que produzir; quando produzir; para onde levar os produtos e quando produzir); cujas quantidades de componentes que atravessam a produção são controladas pelo número *kanban*;

com o objetivo de responder flexivelmente a variações de demanda pela simplificação das instruções.

Esse tipo de sistema de produção é muito bem aceito em empresas nas quais os diversos departamentos produtivos têm um controle de produção com estoque muito pequeno e as seguintes características:

- tempos de *setup* curtos;
- lotes pequenos; e
- tempos de recebimento/envio (deslocamento) pequenos.

Isso faz o método de produção ser constantemente monitorado, seja pela observação dos que o executam e o controlam, seja por meio dos indicadores (de erro, falhas, equívocos).

Quando referencia o sistema Toyota de produção, Ohno (1997) o apresenta como aquele cuja base é a eliminação do desperdício que deve focar dois pontos:

1. a redução de custos; e
2. a eficiência de cada funcionário na produção.

Isso significa que o ideal é reduzir os erros para 0% e utilizar 100% da capacidade das pessoas em cada posto de produção da organização. Para chegar a esses números e aumentar a capacidade produtiva (a eficiência operacional), Ohno (1997, p. 39) apresenta uma lista dos desperdícios que o gestor deve observar, ou seja, procurar eliminar gastos sem necessidade com:

- **superprodução**, uma vez que gera estoque e, se não vendido/consumido, gera desperdício;
- **estoque em si**, pois disponibilidade não significa que o produto irá ser vendido ou consumido;
- **espera ou tempo disponível**, ou seja, fazer um processo parar porque outro demora em entregar seu resultado gera desperdício de tempo de produção;
- **transporte**;
- **processamento em si**, uma vez que as operações mal definidas do processo geram desperdício;
- **movimento**, pois o *layout* mal desenhado (projetado) eleva esforços e consome recursos que podem ser escassos (tempo de deslocamento ou espera, riscos de acidente e custo de movimento, entre outros), gerando desperdício; e
- **produção de produtos defeituosos**, o que gera retrabalho para repor o item defeituoso, provocando desperdício operacional.

Os métodos produtivos adotados pela Toyota visavam então, dentro da sua época e conjuntura, fabricar da forma que deveria ser, bem como a possibilidade de entregar os produtos ao mercado, vendê-los e ainda obter lucro.

Enxugar a estrutura de produção (fabricação) – primeiro por eliminar erros e falhas, depois por reduzir tempo e recursos que não agregavam valor ao método produtivo – foi uma atitude introduzida com a finalidade de reduzir custos e evitar desperdícios que, por consequência, valorizou o funcionário por empoderá-lo na solução dos problemas. Isso reforçava a premissa de que ele era o maior conhecedor do processo e o melhor indivíduo para propor soluções criativas aos erros que surgissem. Esse fato levou Shingo (1996, p. 79) a expressar a frase: "O verdadeiro problema é pensar que não existem problemas". Essa consideração levou à implantação de um sistema que melhorou o fluxo dos recursos (material, informação e tempo) na linha de produção, dando ênfase ao aperfeiçoamento de processos que envolviam funcionários.

Para definir o uso do sistema Toyota de produção, especificamente a abordagem JIT, que lida com estoque e com a capacidade produtiva, Slack et al. (2008) apresentam os sinônimos criados pelo mundo corporativo que passaram a descrevê-lo como sendo:

- manufatura enxuta;
- manufatura de fluxo contínuo;
- manufatura de alto valor agregado;
- produção sem estoque;
- guerra ao desperdício;
- manufatura veloz; ou
- manufatura de tempo de ciclo reduzido.

A produção enxuta (*lean manufacturing*) faz parte do sistema Toyota de produção. Ela é assim considerada quando a empresa alcança a sua eficiência produtiva com redução de custos, baseada em pequenos lotes, com reduzido estoque e integrada ao JIT; realiza ações de prevenção de erros (falhas ou defeitos) – portanto ações preventivas em vez de corretivas – em um esquema de trabalhar com produção puxada ao atendimento das previsões de demanda; valoriza o uso polivalente das competências das pessoas, principalmente na solução de problemas; e também envolve os clientes (internos e externos) na agregação de valor aos produtos (bens ou serviços).

Com essa filosofia, a produção enxuta visa a aumentar o poder competitivo da empresa ao oferecer eficiência na fabricação dos produtos. Por eficiência entenda-se: desenvolver o projeto e o produto de forma mais rápida, com baixa taxa de erros e que proporcione o equilíbrio da entrega do produto às expectativas de qualidade pela percepção do cliente.

O menor tempo, o envolvimento do cliente – dado por considerar seus desejos, necessidades e atenção aos seus requisitos – no desenvolvimento do produto, a minimização de erros (falhas) e a sinergia colaborativa entre fornecedores, empresa e cliente formam a base à gestão de produção enxuta (*lean manufacturing*).

A melhoria contínua da qualidade dos produtos e da produção é resultado da otimização da produção, que, por sua vez, resulta da eliminação de tarefas que não agregam valor ao produto e de desperdícios[3], além do envolvimento e das habilidades dos funcionários em solucionar falhas.

[3] Vide Ohno (1997, p. 39).

Outro fator que a produção enxuta enfatiza é a inter-relação entre os diversos setores da empresa. Mesmo que disponha de um organograma de cargos horizontalizado, com essa produção a empresa enfatiza a comunicação e a cooperação entre funções, visando ao aumento da eficiência operacional de forma a produzir a quantidade que corresponde à demanda solicitada, respeitando os tempos destinados a cada fase da produção (recebimento de matéria-prima → diversos processos de manufatura → entrega final ao cliente).

Para saber mais

Para melhor entender os detalhes da produção enxuta, leia o livro *O sistema Toyota de produção: além da produção em larga escala*, escrito por Taiichi Ohno.

OHNO, T. **O sitema Toyota de produção**: além da produção em larga escala. Porto Alegre: Bookman, 1997.

Em seu trabalho de mapeamento do fluxo de valor em uma indústria de gesso localizada no município de Nova Olinda, no Ceará, Elias, Oliveira e Tubino (2011, p. 3) citam os cinco princípios apresentados por Womack, Jones e Roos (2004) que "tornam as empresas mais flexíveis e capazes de responder efetivamente às necessidades dos clientes":

- Valor: Definir o que é Valor. Não é a empresa e sim o cliente que define o que é valor.
- Fluxo de Valor: Consiste em identificar os processos que geram valor, aqueles que não geram valor mas são importantes para a manutenção dos processos e da qualidade e, por fim, aqueles que não agregam valor e que devem ser eliminados.
- Fluxo: Deve-se dar "fluidez" para os processos e atividades que restaram.

- Produção Puxada: Conectam-se os processos através de sistemas puxados.
- Perfeição: A busca do aperfeiçoamento contínuo em direção a um estado ideal deve nortear todos os esforços da empresa.

No artigo intitulado "O gerenciamento da produção enxuta e os impactos sobre as condições de trabalho: estudo de caso em uma empresa do setor alimentício localizada em Mossoró/RN", Félix et al. (2015) mostram um quadro que resume bem as características dos conceitos do sistema de produção enxuta (SPE), cujo objetivo é a redução de desperdícios e dos custos de produção (Quadro 4.2):

Quadro 4.2 – Práticas de produção enxuta

Característica	Conceito
Produção puxada	A empresa deve deixar que a demanda puxe o produto, caso contrário terá prejuízos envolvendo o seu capital de giro.
Controle de qualidade zero defeitos (CQZD)	Consiste em um método científico cuja finalidade é combater a ocorrência de defeitos por meio da identificação e do controle das causas deles.
Autonomação	Corresponde à autonomia concedida ao operador ou à máquina de parar a atividade quando alguma anormalidade na produção for detectada.
Flexibilização de mão de obra e multifuncionalidade	Consiste em capacitar os funcionários para operarem em diversas máquinas. Segundo o autor, nesse sistema o operador trabalha em diversas máquinas simultaneamente, porém sem seguir o fluxo de produção de um produto.
Nivelamento da produção	O nivelamento da produção se dá quando há a criação de um programa de nivelamento por meio de um sequenciamento de pedidos em um padrão não esporádico das variações diárias de todos os pedidos para suprir a demanda de longo prazo.
Operações padronizadas	As operações padronizadas têm a finalidade de manter uma disciplina e estabilidade, assim como estabelecer uma melhoria contínua, permitindo operar a atividade de cada trabalhador de modo individual, identificando e eliminando os desperdícios nas atividades rotineiras.
Layout	Como já relatado, a principal finalidade da manufatura enxuta é combater o desperdício, e uma das estratégias cabíveis é melhorar o *layout* da planta da organização, de modo que nenhum transporte ou maior deslocamento seja necessário.

(continua)

(Quadro 4.2 – conclusão)

Característica	Conceito
Manutenção produtiva total (MPT)	A MPT está diretamente relacionada com a política de zero defeitos e a ideia de autonomação, desde que as máquinas contenham um dispositivo que impeça a continuidade de sua atividade assim que uma anormalidade for detectada.
Troca rápida de ferramentas (TRP)	A troca rápida de ferramentas constitui uma prática de produzir pequenos lotes de produtos variados, em fluxo contínuo, com uma demanda nivelada e com flexibilidade de adaptação às variações da demanda; requer facilidades na troca de modelos de produtos (Shingo, 2000).
Melhoria contínua (*Kaizen*) Transparência	A habilidade de uma atividade de produção manter a comunicabilidade entre as pessoas, independentemente da hierarquia. O *Kaizen* está ligado ao princípio da perfeição e apresenta três características essenciais: continuidade, fácil implementação e participatividade. Isso permite o envolvimento e o uso da inteligência da força de trabalho.

Fonte: Adaptado de Félix et al., 2015.

No tema da produção enxuta, Elias, Oliveira e Tubino (2011) apresentam o que diversos estudiosos propõem para classificar perdas, as quais estão resumidas em sete grupos, conforme aponta o Quadro 4.3:

Quadro 4.3 – Tipos de perda

Tipo da perda	Exemplo
Perda por superprodução	Produzir excessivamente ou cedo demais
Perda por espera	Longos períodos de ociosidade de pessoas, peças e informações
Perda por transporte	Movimento excessivo de pessoas, peças e informações
Perda no próprio processamento	Utilização inadequada de máquinas e sistemas
Perda por estoque	Armazenamento excessivo e falta de informação
Perda por movimentação	Desorganização do ambiente de trabalho
Perda por fabricação de produtos defeituosos	Problemas de qualidade do produto

Fonte: Elias; Oliveira; Tubino, 2011, p. 3.

4.4
Softwares para auxiliar o mapeamento de processos

Existem alguns *softwares* que ajudam na tarefa de mapeamento de processos. Alguns deles são:
- Aris Express
- Microsoft Visio
- Pro Vision
- Arpo Process Modeler
- Synthis Process Modeler
- Bizagi Process Modeler

O Bizagi Process Modeler é um *software* de modelagem de processos que permite a diagramação deles e que apoia empresas e pessoas na documentação por meio de diagramas de processo BPMN (*Business Process Modeling Notation*), permitindo exportar os processos documentados em Microsoft Word®, PDF, como páginas da *web*, ou outras plataformas, como Visio, XPDL (*XML Process Definition Language*) ou simplesmente como imagem.

Para mapeamento dos processos, pode-se utilizar o *software* livre (de domínio público) chamado *Bizagi*, disponível para ser baixado no *site*. A tela inicial dele pode ser vista na Figura 4.3.

Figura 4.3 – Tela inicial do *site* Bizagi

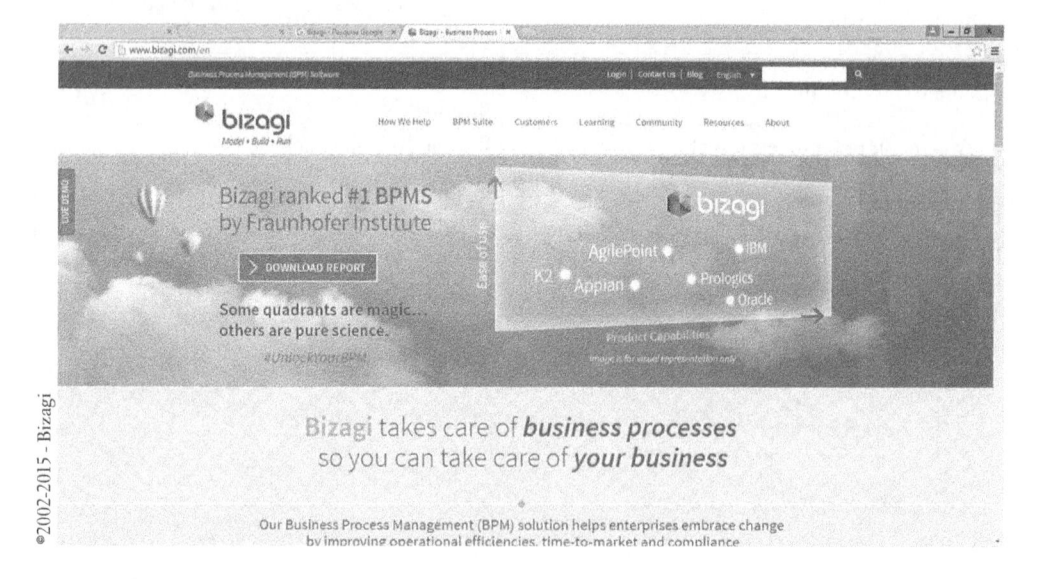

Para mapear um processo, detalhando seu fluxo operacional, devemos definir cada elemento que será utilizado para compor a descrição dele em termos gráficos, compondo um fluxograma. São eles:

- **Atividade** – Também conhecida como *task*, é uma atividade atômica interna ao processo (que descreve o processo); portanto, é utilizada em um fluxograma quando o trabalho no processo não é dividido. Geralmente um usuário final e/ou um aplicativo executam essa tarefa.
- **Subprocesso** – É uma atividade que contém outras atividades (*tasks*); esse objeto interno é dependente do externo e é mapeado como uma atividade interna que apresenta as variáveis visíveis pelas atividades externas a ela (conhecidas como *variáveis de acesso global*). Nesse tipo de objeto, nenhum mapeamento de dados é requerido, uma vez que tem ligação direta entre o objeto externo e o(s) objeto(s) interno(s).
- **Evento inicial** – Indica onde um processo em particular deve começar. Em termos de sequência do fluxo, ele inicia o fluxo, e a partir daí não pode mais receber nenhum outro evento, tampouco estar conectado a outro, tornando-o único.
- **Evento intermediário** – Indica onde algo acontece (um evento), situando-se entre o evento inicial e o final, que irá afetar a sequência do fluxo mas não o iniciará ou o finalizará.
- **Evento final** – Simboliza onde o processo termina. Em termos de fluxo do processo, é o fim de todos os fluxos, o que significa que nenhum outro fluxo pode terpossuir uma conexão a partir dele.
- **Decisões** – Um losango é o objeto que simboliza um *gateway* (decisão) de onde a sequência do fluxo do processo assume um caminho a partir de duas ou mais alternativas.
- **Fluxo** – É o objeto que define a direção (por meio de uma seta) do fluxo do processo.

O uso de um mapeamento de processo, utilizando o *software* Bizagi, pode ser explicado por meio de um caso simples: o processo de trocar um pneu furado de um automóvel, como exemplificado na Figura 4.4.

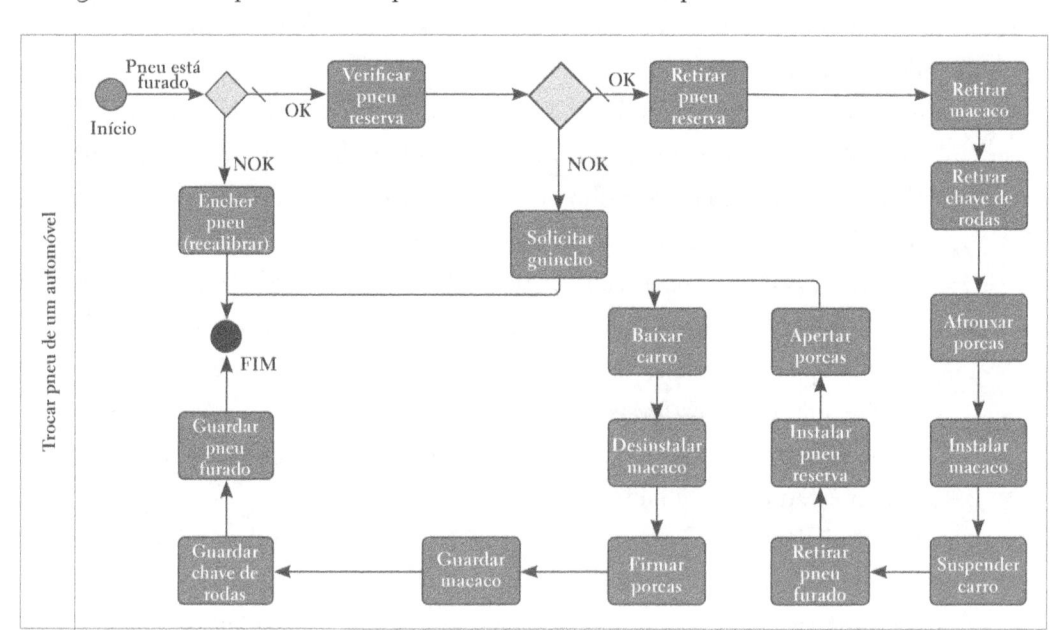

Figura 4.4 – Mapeamento do processo de troca de um pneu

Para fins explicativos, podemos refazer no Bizagi o mapeamento de processos apresentado no exemplo utilizado no Capítulo 2, no qual o caso era o da empresa Lava Car, que mapeou os processos. Veja a Figura 4.5.

Figura 4.5 – Diagrama de blocos (A) e respectivo fluxograma (B) da Lava Car

O diagrama de blocos e o fluxograma ilustrados foram confeccionados utilizando-se um editor de textos, que é demorado e apresenta dificuldades em desenhar cada um dos fluxos. Utilizando-se o *software* Bizagi ficaria mais rápido e fácil ilustrá-lo e atualizá-lo, caso fosse necessário, dadas a flexibilidade e a rapidez que o recurso proporciona para esse fim.

–Síntese

Neste capítulo, foram apresentados os elementos que compõem a produção enxuta, com destaque para o tipo de produção "puxada", ou seja, aquela em que a produção é determinada pela demanda. O capítulo tratou ainda da descrição sumarizada das origens e características da produção enxuta e suas respectivas explicações.

Também foi enfatizada a importância da sintonia entre os diversos atores que compõem o processo de produção, entre os quais incluem-se os fornecedores e os clientes. Estes, aliás, desempenham um papel significativo posto que suas necessidades e demandas precisam ser consideradas pelas organizações na fabricação dos bens (produtos ou serviços).

Por fim, foi apresentada uma relação de *softwares* que facilitam o trabalho de mapear processos, destacando-se o Bizagi, o Aris Express e o Microsoft Visio, apresentando um exemplo de uso do Bizagi, com descrição dos seus principais elementos de *design*.

–Questões para revisão

1. Relacione um exemplo para os tipos de perda apresentados a seguir:
   - Perda por superprodução.
   - Perda por espera.
   - Perda por transporte.
   - Perda no próprio processamento.

2. Para mapear um processo, descrevendo seu fluxo operacional, devemos definir cada elemento que será utilizado para compor a descrição do processo em termos gráficos, compondo um fluxograma. Nesse sentido, apresente a descrição do que vêm a ser os componentes *atividade* e *subprocesso*.

3. O mapeamento do fluxo de valor apresenta alguns princípios que ajudam as empresas a se tornarem mais flexíveis e capazes de responder às necessidades do cliente. Analise as afirmativas a seguir:
   i. É necessário definir o que é valor. Não é a empresa, e sim o cliente que o define.

II. É preciso especificar o fluxo de valor, que consiste em identificar os processos que geram valor, aqueles que não geram valor mas são importantes para a manutenção dos processos e da qualidade e, por fim, os que não agregam valor e que devem ser eliminados.

III. Não é necessário determinar o fluxo e nem deve-se determinar a "fluidez" para os processos.

IV. Adotar o princípio da produção puxada que sugere a conexão entre os processos através de sistemas puxados.

V. Deve-se investir na busca do aperfeiçoamento contínuo em direção a um estado ideal deve nortear todos os esforços da empresa.

Assinale a alternativa correta:
a) As afirmativas I, III e V estão corretas.
b) As afirmativas I, II e V estão corretas.
c) As afirmativas I, II, IV e V estão corretas.
d) As afirmativas I, III, IV e V estão corretas.
e) As afirmativas I, II, III, IV e V estão corretas.

4. Assinale a alternativa apresenta corretamente o conceito de *produção puxada*:
   a) Consiste em um método científico cuja finalidade é combater a ocorrência de defeitos por meio da identificação e controle das suas causas.
   b) Consiste em a empresa deixar que a demanda puxe o produto, caso contrário terá prejuízos envolvendo o seu capital de giro.
   c) Corresponde ao direito de autonomia concedido ao operador ou à máquina de parar sua atividade quando alguma anormalidade na produção for detectada.
   d) Consiste em capacitar os funcionários para operar em diversas máquinas. Nesse sistema de operacionalização em diversas máquinas, o operador trabalha em diversas máquinas simultaneamente, porém sem seguir o fluxo de produção de um produto.
   e) Nenhuma das alternativas anteriores está correta.

5. Assinale a resposta que apresenta o conceito correto de *manutenção produtiva total* (MPT):
   a) É o que ocorre quando há a criação de um programa de nivelamento por meio de um sequenciamento de pedidos em um padrão não esporádico das variações diárias de todos os pedidos para suprir a demanda de longo prazo.
   b) Está diretamente relacionada com a política de zero defeitos e com a ideia de autonomação, desde que as máquinas disponham de um dispositivo que

impeça a continuidade de sua atividade assim que uma anormalidade for detectada.

c) Tem a finalidade de manter uma disciplina e estabilidade, assim como estabelecer uma melhoria contínua, permitindo operar a atividade de cada trabalhador de modo individual, identificando e eliminando os desperdícios nas tarefas rotineiras.

d) É o combate ao desperdício, e uma das estratégias cabíveis é melhorar o *layout* da planta da organização, de modo que nenhum transporte ou maior deslocamento seja necessário.

e) É a prática de produzir pequenos lotes de produtos variados, em fluxo contínuo, com uma demanda nivelada e com flexibilidade de adaptação às variações dela; requer facilidades na troca de modelos de produtos.

–Questões para reflexão

1. Cite três tipos de perdas que podem ocorrer em um processo.

2. Cite um exemplo para os seguintes tipos de perda: perda por estoque; perda por movimentação; e perda por fabricação de produtos defeituosos.

3. Você é capaz de definir o que é o *software* Bizagi Process Modeler?

4. Ao mapear um processo, descrevendo seu fluxo operacional, utilizamos alguns componentes gráficos, como "Decisão" e "Fluxo". Você é capaz de explicá-los?

5. Ao mapear um processo, descrevendo seu fluxo operacional, utilizamos alguns componentes gráficos, como "Evento inicial", "Evento intermediário" e "Evento final". O que eles significam?

Para saber mais

Leia o livro de James Womack, Daniel Jones e Daniel Roos intitulado A *máquina que mudou o mundo*, para conhecer mais sobre os conceitos de *produção enxuta* e a revolução no sistema de produção desenvolvidos pela Toyota Motor Company.

WOMACK, J. P.; JONES, D. T.; ROOS, D. **A máquina que mudou o mundo**. 5. ed. Rio de Janeiro: Campus, 1992.

estudo de caso

Neste estudo de caso será apresentado um mapeamento dos processos de matrícula de um estudante em uma universidade. Considere o seguinte contexto: Em uma universidade, cada estudante tem a obrigação de solicitar a matrícula para um conjunto de disciplinas que deseja cumprir em seu curso de graduação. As providências operacionais de apresentar as disciplinas que deseja cursar, bem como seus dados para o sistema de controle acadêmico são de responsabilidade dele. Estão envolvidos no processo os seguintes atores: o aluno, o sistema de informação do estudante (SIE), o coordenador do curso e o professor.

O processo tem início com a solicitação, por parte do aluno, da sua matrícula diretamente no SIE, que valida os pré-requisitos dele. Se estes estiverem de acordo com as normas do curso, o sistema verificará a lista de horários disponíveis e registrará a solicitação no banco de dados do sistema; caso contrário, ela é encaminhada ao coordenador do curso que irá atualizá-la conforme os pré-requisitos disponibilizados pelo curso e a reencaminhará para uma nova análise ao SIE, que, por sua vez, novamente processará o pedido e, caso correto, armazenará as informações no banco de dados. Caso haja necessidade, o coordenador poderá proceder a uma análise do banco de dados acerca da movimentação de matrículas e aceitar a solicitação do estudante; nesse caso, se caracteriza uma correção de matrícula, em que o aluno solicitou a matrícula em determinada disciplina e, em virtude de alguma circunstância, não poderá cursá-la, razão por que será emitida uma certidão negativa por parte do coordenador.

Uma vez regularizadas todas as solicitações de matrículas, o professor de cada disciplina é informado pelo SIE quais alunos irão cursá-la, finalizando o processo.

Para a solução do estudo de caso, inicialmente devem ser considerados os seguintes elementos de análise:

a. Há uma universidade que realiza o registro de matrículas por meio de um sistema informatizado, com armazenamento das informações em um banco de dados e com acesso dos atores envolvidos no processo.

b. Os atores envolvidos no processo são: aluno, professor, coordenador e o próprio sistema de informação do estudante (SIE).

c. Há regras que determinam a sequência correta de solicitações e o tempo de espera (que não estão contemplados no contexto e que o responsável por mapear os processos deve ter acesso, ler, conhecer e aplicar durante o trabalho).

d. As necessidades e os requisitos de efetuar um registro de matrícula devem ser respeitados (o responsável por mapear o processo deve identificar essas questões, conhecê-las e aplicá-las durante a execução da tarefa).

Para confeccionar o mapeamento de processos, pode-se utilizar o *software* Aris Express, de domínio público, disponível para *download* e uso[1]. Ele permite mapear processos e gerenciá-los visualmente, tem interface interativa e fácil de ser utilizada e adota a simbologia (ícones) declarada nesta obra, tornando possível modelar a estrutura organizacional dos processos, dos sistemas computacionais de aplicação, dados e outras atividades empresariais.

Ao término da confecção do mapa, é possível exportar o arquivo em formato .bpm, .rtf, de forma que possa ser utilizado em outros programas compatíveis com o padrão Microsoft®. O mapeamento dos processos que englobam a realização da matrícula de um estudante, em um sistema específico de uma universidade, pode ser visto na figura a seguir.

---

[1] Disponível em: <http://www.ariscommunity.com/aris-express/download>

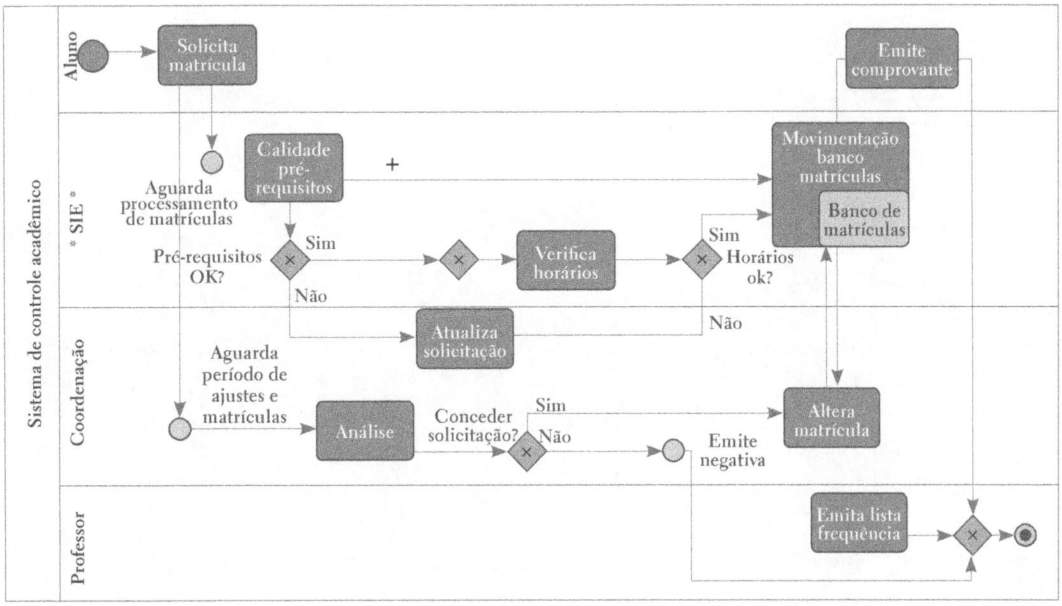
Sistema de controle acadêmico
Aluno
Solicita matrícula
Emite comprovante
* SIE *
Calidade pré-requisitos
+
Aguarda processamento de matrículas
Movimentação banco matrículas
Banco de matrículas
Pré-requisitos OK?
Sim
Não
Verifica horários
Sim
Horários ok?
Não
Coordenação
Atualiza solicitação
Aguarda período de ajustes e matrículas
Análise
Conceder solicitação?
Sim
Não
Altera matrícula
Emite negativa
Professor
Emita lista frequência

para concluir...

Esta obra focou o mapeamento de processos como tema central, apresentando-o, bem como suas derivações conceituais, sob a ótica de diversos autores e pesquisadores do assunto.

Foram introduzidos e contextualizados os conceitos de *produto*, as características das dimensões da qualidade de um produto e, em seguida, dos processos e da importância de observá-los nas operações de produção.

Como os processos têm classificações, estas foram inseridas e discutidas em categorias, de forma a permitir abordar o tema da produção. Foram discutidos os tipos mais relevantes e também a importância deles para que você entendesse os modelos de produção e a necessidade de buscar o conhecimento e informações para lhe permitir mapear processos em suas várias modalidades. Isso se faz necessário porque, uma vez definida a produção, seja encomendada (demanda), seja em massa (para estocar), se incremente a ordem de produtividade na empresa e fortaleça o poder de competitividade dela.

Outros assuntos abordados na obra fazem referência direta ao mapeamento de processos. Nesse sentido, foram enfatizados os tipos de mapeamentos, juntamente com os conceitos e características de cada um. Vale destacar o papel que desempenham na proposição de melhorias na empresa.

O livro também contemplou as técnicas para mapear processos, conceituando-as e contextualizando-as. Semelhantemente mereceram destaque as ferramentas de diagrama de blocos, fluxograma, Sipoc (*Supplier, Input, Process, Output, Customer*), *brainstorming, brainwriting, blueprinting*, Integration Definition (Idef), *Work in Process* (WIP), *takt time, Value Stream Mapping* (VSM), modelo conceitual de 5W2H/7W3H, teoria das restrições (TOC), assim também como o *Six Sigma* para incrementar a qualidade em processos. Uma ênfase especial foi dada ao sistema Toyota de produção, expondo de forma simples e direta a produção enxuta, suas características e boas práticas, além do sistema *kanban*.

Para que você entendesse a importância do mapeamento dos processos e do conhecimento das diferentes ferramentas e técnicas, foi contextualizado o conceito de *valor* na percepção do cliente, enfatizando sobretudo a importância de compreender os requisitos que formam a cadeia de valor para o cliente.

A obra trouxe ainda uma lista de sistemas de informação baseados em computador que facilitam, agilizam e permitem mapear processos de forma visual, por meio de componentes, entre eles o Bizagi – com exemplos apresentados – e o Aris Express.

referências

ADAIR, C. B.; MURRAY, B. A. **Revolução total dos processos**. São Paulo: Nobel, 1996.

ADVANCE CONSULTORIA. **Construção do Diagrama SIPOC**, 2015. Disponível em: <http://www.advanceconsultoria.com>. Acesso em: 3 fev. 2015.

ANP – Agência Nacional do Petróleo, Gás Natural e Biocombustíveis. Disponível em: <http://www.anp.gov.br>. Acesso em: 18 jun. 2015.

BOWERSOX, D. J.; CLOSS, D. J.; COOPER, M. **Bixby**: Supply Chain Logistics Management. 2. ed. New York: McGraw-Hill, 2006.

CARR, D. K. et al. **Redesenhando o processo de negócios**: ponto de ruptura. Rio de Janeiro: Qualitymark, 1994.

COMAN, A.; RONEN, B. IS Management by Constraints: Coupling IS to Support Changes in Business Bottlenecks. **Human Systems Management**, n. 13, p. 65-70, 1994. Disponível em: <http://www.boazronen.org/PDF/IS%20Management%20by%20Constraints%20-%20Coupling%20IS%20Effort%20to%20Changes%20in%20Business%20Bottlenceks.pdf>. Acesso em: 18 jun. 2015.

COX III, J. F.; SPENCER, M. S. **Manual de teoria das restrições**. Porto Alegre: Bookman, 2002.

CSILLAG, J. M. **Análise do valor**. 4. ed. São Paulo: Atlas, 1995.

DAVENPORT, T. **Mission Critical**: Realizing the Promise of Enterprise Systems. Boston: Harvard Business School Press, 2000.

DEVIN NORTHRUP. **Brainwriting Workshop**. Disponível em: <http://www.devinnorthrup.com/brainwriting-workshop/>. Acesso: em 15 jul. 2015.

ECKES, G. **A Revolução Seis Sigma**. 2. ed. Rio de Janeiro: Campus, 2001.

EDVINSSON, L.; MALONE, M. S. **Capital intelectual**. São Paulo: Makron Books, 1998.

ELIAS, S. J. B.; OLIVEIRA, M. M. de; TUBINO, D. F. Mapeamento do fluxo de valor: um estudo de caso em uma indústria de gesso. **Revista ADMpg Gestão Estratégica**, v. 4, n. 1, 2011. Disponível em: <http://www.admpg.com.br/revista2011/artigos/5.pdf>. Acesso em: 18 jun. 2015.

FÉLIX, K. K. F. et al. **O gerenciamento da produção enxuta e os impactos sobre as condições de trabalho**: estudo de caso em uma empresa do setor alimentício localizada em Mossoró/RN. Disponível em: <http://www.convibra.com.br/upload/paper/2013/36/2013_36_8378.pdf>. Acesso em: 16 fev. 2015.

FERNANDES, P. O. Economia da informação. **Ciência da Informação**, v. 20, n. 2, p. 165-168, jul./dez. 1991. Disponível em: <http://revista.ibict.br/ciinf/index.php/ciinf/article/view/1251/891>. Acesso em: 18 jun. 2015.

FERREIRA, A. B. de H. **Dicionário Aurélio da Língua Portuguesa**. 5. ed. Curitiba: Positivo, 2010.

FIGUEIREDO, N. Da importância dos artigos na revisão da literatura. **Revista Brasileira de Biblioteconomia e Documentação**, São Paulo, v. 23, n. 1-4, p. 131-135, jan.-dez. 1990.

GARVIN, D. What Does Product Quality Really Means? **Sloan Management Review**, Fall, 1984. Disponível em: <http://www.oqrm.org/English/What_does_product_quality_really_means.pdf>. Acesso em: 17 jun. 2015.

GOLDRATT, E. M. **A síndrome do palheiro**: garimpando informações num oceano de dados. São Paulo: Educador, 1991.

GOLDRATT, E. M.; COX, J. **A meta**. 12. ed. São Paulo: Educador, 1997.

GOMES, L. 5W2H: ferramenta para a elaboração de planos de ação. **iProcess**, 18 jun. 2014. Disponível em: <http://blog.iprocess.com.br/2014/06/5w2h-ferramenta-para-a-elaboracao-de-planos-de-acao/>. Acesso em: 17. jun. 2015.

GONÇALVES, J. E. L. As empresas são grandes coleções de processos. **Revista de Administração de Empresas**, v. 40, n. 1, p. 6-19, jan./mar. 2000. Disponível em: <http://www.scielo.br/pdf/rae/v40n1/v40n1a02.pdf>. Acesso em: 18 jun. 2015.

HAMMER, M.; CHAMPY, J. **Reengenharia revolucionando a empresa em função dos clientes, da concorrência e das grandes mudanças da gerência**. Rio de Janeiro: Campus, 1994.

HOUAISS, A.; VILLAR, M. de S. **Dicionário Houaiss da Língua Portuguesa**. Rio de Janeiro: Objetiva, 2009.

IMD World Competitiveness Center. Disponível em: <http://www.imd.org/research/publications/wcy>. Acesso em: 14 jun. 2015.

JOHANSSON, H. J. et al. **Processos de negócios**: como criar sinergia entre a estratégia de mercado e a excelência operacional. São Paulo: Pioneira, 1995.

KOTLER, P. **Marketing Management**. New Jersey: Prentice Hall, 2000.

MABIN, V. G. **Theory of Constraints Thinking Processes**: A Systems Methodology Linking Soft with Hard. Wellington: Victoria University of Wellington, 1999. Disponível em: <http://www.systemdynamics.org/conferences/1999/PAPERS/PARA104.PDF>. Acesso em: 25 ago. 2015.

MACEDO, A. A.; PÓV, F. L. **Glossário da qualidade total**. Belo Horizonte: Ed. Fundação Christiano Otoni/Ed. da UFMG, 1995.

MARTINS, P. G.; LAUGENI, F. P. **Administração da produção**. São Paulo: Saraiva, 2005.

MEGGINSON, L. C.; MOSLEY, D. C.; PIETRI JR, P. H. **Administração**: conceitos e aplicações. São Paulo: Ed. Harper & Row do Brasil, 1986.

MELO, I. S. **Administração de sistemas de informação**. São Paulo: Pioneira Thomson Learning, 2006.

MICHAELIS, H. **Dicionário ilustrado**. 59. ed. São Paulo: Melhoramentos, 2000.

_____. **Moderno dicionário da língua portuguesa**. São Paulo: Melhoramentos, 1998.

MONDEN, Y. **Sistema Toyota de produção**. São Paulo: Iman, 1984.

MOURA, R. A. **Kanban**: a simplicidade do controle da produção. São Paulo: Iman, 1989.

NAGEL, C; ROSEMANN, M. **Process Engineering**. Curso de pós-graduação à distância. Queensland (AU): Queensland University of Technology, 1999.

OHNO, T. **O sistema Toyota de produção**: além da produção em larga escala. Porto Alegre: Bookman, 1997.

OLIVEIRA, D. de P. R. de. **Administração de processos**. São Paulo: Atlas, 2006.

PAIM, R. et al. **Gestão de processos:** pensar, agir e aprender. 1. ed. Porto Alegre: Bookman, 2009.

PINHO, A. F. de et al. Combinação entre as técnicas de fluxograma e mapa de processo no mapeamento de um processo produtivo. In: ENCONTRO NACIONAL DE ENGENHARIA DE PRODUÇÃO, 27., 2007, Foz de Iguaçu. **Anais**... Foz de Iguaçu: [s. n.] 2007.

PINTO, J. L. G. C. **Gerenciamento de processos**. Curso de Qualidade e Gerenciamento de Processos. Florianópolis: Celesc, 1999.

PLOSSL, G. W. **Administração da produção**. São Paulo: Mackron Books, 1993.

PMI – Project Management Institute. **Project Management Book of Knowledge** (PMBOK). Newton Square: Project Management Institute Inc., 2004.

_____. **The Standard for Program Management**. 3rd edition. Newton Square: Project Management Institute Inc., 2013.

PORTUGAL. Ministério da Agricultura. Direção Geral de Agricultura e Desenvolvimento Rural. **Relatório de Atividades** 2007. Disponível em: <http://www.dgadr.mamaot.pt/rec-hid/diretiva-nitratos/documentacao>. Acesso em: 25 ago. 2015.

PYZDEK, T.; KELLER, P. **Seis Sigma**: guia do profissional. 3. ed. Rio de Janeiro: Alta Books, 2011.

ROBBINS, S. P.; DECENZO, D. A. **Fundamentos da Administração**: conceitos essenciais e aplicações. 4. ed. São Paulo: Prentice Hall, 2004.

SALERNO, M. S. **Projeto de organizações integradas e flexíveis**. São Paulo: Atlas, 1999.

SCARTEZINI, L. M. B. **Análise e melhoria de processos**. Goiânia, 2009. Apostila. Disponível em: <http://www.aprendersempre.org.br/arqs/GE%20B%20-%20An%E1lise-e-Melhoria-de-Processos.pdf>. Acesso em: 18 jun. 2015.

SHINGO, S. **Sistemas de produção com estoque zero**: o sistema Shingo para melhorias contínuas. Porto Alegre: Bookman, 1996.

_____. **Sistemas de troca rápida de ferramenta**: uma revolução nos sistemas produtivos. Porto Alegre: Bookman, 2000.

SIMON, K. **Sipoc Diagram**. Disponível em: <http://www.isixsigma.com/tools-templates/sipoc-copis/sipoc-diagram/>. Acesso em: 23 ago. 2015.

SLACK, N.; CHAMBERS, S.; JOHNSTON, R. **Administração da produção**. São Paulo, Atlas, 2002.

SLACK, N. et al. **Administração da produção**. São Paulo: Atlas, 1986.

SLACK, N. et al. **Gerenciamento de operações e de processos**. Porto Alegre: Bookman, 2008.

SPI – Sociedade Portuguesa de Inovação. Disponível em: <http://www.spi.pt/>. Acesso em: 16 fev. 2015.

STEVENSON, W. J. **Administração das operações de produção**. LTC: Rio de Janeiro, 2001.

TULASI, L. C. H.; RAO, A. R. Review on Theory of Constraints. **International Journal of Advances in Engineering & Technology**, India, p. 334-344, Mar. 2012. Disponível em: <http://www.e-ijaet.org/media/38I7-IJAET0703704-REVIEW-ON-THEORY-OF-CONSTRAINTS.pdf>. Acesso em: 18 jun. 2015.

VIEIRA, M. G. **Aplicação do mapeamento de fluxo de valor para avaliação de um sistema de produção**. 129 f. Dissertação (Mestrado em Engenharia Mecânica) – Universidade Federal de Santa Catarina, Florianópolis, 2006.

WILSON, A. et al. **Services Marketing**: Integrating Customer Focus across the firm. Boston: McGraw-Hill, Irwi, 2006.

WOMACK, J. P.; JONES, D. T; ROOS, D. **A máquina que mudou o mundo**. 5. ed. Rio de Janeiro: Campus, 1992.

respostas

Capítulo 1

Questões para revisão

1. De acordo com o Dicionário Michaelis (2000, p. 584), produto é "aquilo que é produzido, resultado ou rendimento do trabalho físico ou intelectual, resultado útil do trabalho". Kotler (2000, p. 39), por sua vez, o define como "algo que pode ser oferecido a um mercado para satisfazer uma necessidade ou um desejo", acrescentando que "os produtos comercializados incluem bens físicos, serviços, experiências, eventos, pessoas, lugares, propriedades, organizações, informações e ideias" (Kotler, 2000, p. 39). Para Martins e Laugeni (2005, p. 2), é "o resultado dos sistemas produtivos, podendo ser um bem manufaturado, um serviço ou uma informação".

2. São basicamente quatro: introdução, crescimento, maturidade e declínio. Na fase de **introdução**, o produto é apresentado ao mercado, novos projetos de *marketing* são aplicados de forma a expressar aos clientes o que é e como funciona. Nela se caracteriza a novidade. A fase seguinte, de **crescimento**, se caracteriza por um forte apelo ao consumo/uso pelo mercado, a procura aumenta, o que leva consequentemente a um crescimento no preço, alavancando a margem de lucro da empresa por conta das altas vendas. A **maturidade** é uma fase de manutenção das vendas e da produção,

em que os esforços de *marketing* são renovados para que o produto tenha um período estendido de tempo no que se refere às vendas. A última fase é o **declínio**, que sinaliza o desuso do produto, provocado, entre outros motivos, pelo surgimento de outro similar no mercado e pela percepção do cliente de que o novo produto contém características diferenciadas de qualidade ao ser comparado com o anterior. Nessa fase ficam evidenciados o final da produção do produto, a manutenção das revisões técnicas e consertos, culminando com a extinção dele quando atingir o prazo legal de reposição de peças, de revisões (manutenções) técnicas e desuso por parte do mercado consumidor.

3. e
4. a
5. e

Questões para reflexão

1. São eles:
    - colocar ênfase no desempenho financeiro de curto prazo às custas de pesquisa e desenvolvimento;
    - deixar de aproveitar os pontos fortes e oportunidades;
    - deixar de reconhecer ameaça da concorrência;
    - não dar atenção à estratégia operacional;
    - colocar ênfase no projeto do produto (bem ou serviço), e não o suficiente no projeto do processo;
    - não investir em pessoal e capital;
    - não investir em tecnologias;
    - não adequar o estilo de gerenciamento;
    - não estabelecer boas comunicações internas;
    - não estabelecer cooperação entre áreas funcionais; e
    - não levar em conta desejos e necessidades de clientes.
2. Basicamente utilizam-se indicadores para auxiliar os gestores a quantificar e monitorar a execução das estratégias desenvolvidas por eles, de forma a (com a finalidade de):
    - **Melhorar os processos** – A estratégia será boa quando os indicadores apresentarem o aumento do desempenho das metas estratégicas. Isso significa que a eficiência e a eficácia operacional são essenciais para o sucesso das estratégias, definindo uma posição competitiva no setor.
    - **Definição do mercado** – Os processos com elevado grau de excelência ampliam a margem de novos mercados, estendendo sua

amplitude, selecionando mercados que permitem maior retorno sobre os investimentos da empresa, definindo então o posicionamento competitivo para a estratégia global.

3. Primeira visão de projetos – Preconizado pelo *Project Management Institute* (PMI, 2013) que apresenta os cinco grupos de processos (inicialização, planejamento, execução, monitoramento ou controle e finalização ou encerramento). São aplicadas neles cada uma das dez áreas de gerenciamento do conhecimento:
    - Escopo;
    - Tempo;
    - Custos;
    - Qualidade;
    - Recursos humanos;
    - Comunicações;
    - Riscos;
    - Aquisições;
    - Partes interessadas; e
    - Integração.

Toda essa harmonização das áreas de conhecimento se fazem necessárias para integrar a visão geral de um projeto ao gerente.

Segunda visão de sistemas – Com conhecimento dos processos que transformam os insumos (entradas) em produtos (saídas) válidos ao sistema;

Terceira visão do negócio – Com conhecimento de todos os recursos e atores que fazem do negócio um ambiente produtivo, com possibilidade de atingir (alcançar) os objetivos estratégicos definidos.

Capítulo 2

Questões para revisão

1. As cinco premissas básicas para gerenciar processos são:
    a. Conhecer como os processos devem ser executados (entradas e saídas);
    b. Gerenciar todas as atividades, identificando e difundindo os padrões exigidos pela produção/execução de cada processo;
    c. Monitorar os processos;
    d. Promover a melhoria contínua do processo; e
    e. Promover o desenvolvimento do aprendizado das pessoas envolvidas.

2.
- Gestão completamente funcional – É o caso em que o escritório é responsável pelo ciclo de vida do desenho (desenvolvimento) do processo e que tem as seguintes características: existência de "silos" funcionais; baixa orientação para o mercado que atende; objetivos são departamentais; indivíduos têm competências para seus "silos" (não se envolvem com outros departamentos, e nem querem, pois recompensas, promoções e salários são departamentalizados); monitoramento e avaliação de resultados dentro de cada "silo"; não há um processo que coordene a integração dos processos como "um todo"; orçamento é definido e distribuído para aplicação sem considerar outros processos; documentação de cada conjunto de atividades é de responsabilidade de cada "silo", por isso as necessidades e oportunidades de melhoria estão nos departamentos ("silos"), e não nos processos, que são pouco entendidos.
- Gestão funcional para processos transversais – É o caso em que as atividades são centradas nas especializações dos colaboradores, e não nos processos em si; existe uma conexão de processos por toda a organização, facilitada pelo uso de tecnologias de informação e pela cultura organizacional baseada em lógicas multifuncionais; ela é mais orientada para o cliente externo. Nesse tipo de atuação, ainda existe uma estrutura organizacional hierárquica das responsabilidades e das relações de subordinação, mas com uma estrutura de processos, com visão dinâmica facilitada pela comunicação entre os "silos" (departamentos), de modo que a função do gerente é a de interface das ações e das funcionalidades dos processos, e os colaboradores podem tomar as próprias decisões. Essas características reforçam a integração entre departamentos, facilitam o monitoramento e a avaliação de processos (e não de departamentos), ampliam responsabilidades pelos processos transversais, com foco no processo e no cliente, estendendo a cultura organizacional baseada na lógica funcional.
- Gestão completamente processual – É o caso em que a ênfase está na importância do eixo gerencial, e não do eixo funcional, e na qual a organização é vista de maneira horizontal (e não funcional, por departamentos – verticalizada). Entre as características incluem-se: a interação com o cliente é o foco das demandas de prazo, custo, qualidade dos processos e qualidade do produto (bem ou serviço); colaboradores trabalham para o processo geral, identificando, analisando e promovendo melhorias em grupo – facilitados pela definição de objetivos

gerais (e metas específicas) pela integração de equipes; recompensas (benefícios e salários) baseadas na melhoria dos processos (e não da função de cada um); informações apoiadas por tecnologias e direcionadas a quem de direito, sem necessidade de seguir filtros hierárquicos; todos esses fatores integrados de forma a criar grupos de interprocessos que interagem multifuncionalmente pelas suas especializações.

3. e
4. c
5. e

Questões para reflexão

1. As perguntas são: "O quê?"; "Por quê?"; "Onde?"; "Quando?"; "Quem?"; "Como?"; e "Quanto?".
2. O método *blueprint* é aplicado em três fases:
   - Cada grupo de discussão deve ser formado por seis pessoas, e cada uma deve apresentar três ideias inovadoras, criativas, para resolver o problema que todos os grupos receberam no início da sessão, e que passaram então a compartilhar, no tempo de cinco minutos, anotando em papéis (cartões) as sugestões;
   - Em seguida, os cartões individuais de um grupo de pessoas são reunidos e encaminhados a outro grupo (cujos membros também escreveram, cada um, três ideias, as quais foram encaminhadas ao grupo seguinte; este irá ler e discutir as três ideias individuais das pessoas do grupo anterior, acrescentando nesses cartões suas contribuições, suas ideias, suas novas sugestões criativas;
   - Esse ciclo se repete até que os cartões, inicialmente encaminhados pelas pessoas de um grupo, retornem a ele, fechando a repetição de envio de cartões (daí o nome *carrossel de ideias*).
3. Os principais cuidados são:
   - entender que o VSM é proveniente do sistema Toyota de produção, em especial para o foco do *lean manufacturing* de automóveis, em que a variedade de produtos é baixa e o número de peças é fixo e geralmente pequeno;
   - procurar entender o fluxo lógico do sistema de produção, que é a visão macro de toda a cadeia produtiva;
   - mapear todos os processos, identificando-os de acordo com símbolos técnicos que representam: fornecedores, entrada de insumos, espera de insumos, fluxo de insumos, *takt time*, *setup time*, estações de

trabalho, pessoas/competências, dados e informações (das mais diversas ligadas ao sistema), pontos de gargalo, possíveis problemas ou erros, produto final, pontos de controle, clientes internos, clientes externos e outros;
- definir o produto (bem ou serviço) com base nos requisitos e necessidades do cliente e nos parâmetros técnicos internos da organização;
- identificar as estações de trabalho críticas que podem gerar gargalo – atrasos no *takt time* – ou aquelas que podem provocar perdas, por erros ou falhas;
- definir o *takt time* das estações de trabalho, projetando-o para todo o sistema;
- identificar competências que fortaleçam a produção *lean*, puxada, no *takt time*;
- definir os produtos específicos ou família de produtos com a mesma orientação;
- orientar o desenho do mapa VSM para que apresente o "fluxo do valor" das atividades processuais, ou seja: os processos, os elementos físicos que os compõem e suas interconexões;
- trabalhar na motivação e na coordenação das pessoas para realizarem o mapeamento, principalmente quanto à implementação de melhorias em processos;
- entender que geralmente o desenho do mapa VSM envolve pessoas com conhecimentos técnicos provenientes das áreas de manufatura;
- conhecer os princípios do modelo *Lean Manufacturing*, principalmente quanto ao *lead time*, pois o mapeamento dos processos deve considerar exatamente o que este preconiza, ou seja, o tempo que o conjunto de processos consome para entregar o produto acabado ao cliente, desde a chegada das matérias-primas necessárias ao seu manufaturamento (Ohno, 1997); e
- aplicar o VSM quando a organização trabalha com grande volume de produção; com pequena quantidade de variedade de produtos; com poucos componentes e com equipamentos dedicados às atividades da estação de trabalho; que possuem um caminhamento (rota) curto e bem definido, típicos do Sistema Toyota de Produção; caso contrário, não é aconselhável a aplicação do método, devido ao aumento da complexidade e identificação dos detalhes da alta quantidade de componentes, equipamentos e conhecimentos específicos em cada estação de trabalho.

4. As regras são:
   - balancear o fluxo, não a capacidade;
   - as restrições determinam a utilização onde não é gargalo;
   - a ativação não é igual à utilização de um recurso;
   - uma hora perdida em um gargalo é uma hora perdida no sistema inteiro;
   - uma hora economizada onde não é gargalo é apenas uma miragem;
   - os gargalos governam o volume de vendas e o inventário;
   - o lote de transferência não deve ser sempre igual ao lote de produção;
   - o lote de produção deve ser variável e não fixo;
   - executar um programa examinando todas as restrições simultaneamente.

5. Os cinco tipos de árvores são:
   1. **CRT** (*Current Reality Tree* – árvore da realidade atual) – Mapeamento que destaca a estrutura lógica do estado real do sistema no momento, apresentando o encadeamento das prováveis causas dos problemas, cujas circunstâncias definem "o que deve ser mudado?".
   2. **EC** (*Evaporating Clouds* – nuvens de vaporização) – Uma vez identificado "o que deve ser mudado?", o mapeamento destaca:
      - duas necessidades opostas (em conflito);
      - a necessidade que cada uma tenta satisfazer; e
      - uma meta (ou objetivo) comum que ambas as necessidades tentam satisfazer.

      Em seguida, com foco nos processos mapeados, deve-se identificar e resolver as causas dos conflitos que impedem a realidade (o estado atual) de atingir a meta (o objetivo).
   3. **FRT** (*Future Reality Tree* – árvore de realidade futura) – Com questionamentos como "O que deve ser mudado?" e "Para o que deve ser mudado?", o mapeamento do sistema identifica as alterações necessárias e o seu respectivo impacto futuro, apresentando ramos que possibilitem minimizar futuros impactos negativos ou problemas negligenciados, resultando em uma árvore descritiva de efeitos desejáveis, que fomente compreensão, comunicação e aceitação das novas ações.
   4. **PRT** (*Prerequisite Tree* – árvore de pré-requisitos) – A função é identificar elementos críticos, obstáculos, questionando se o que está descrito "É o suficiente?" para que a solução seja implementada. Para facilitar essa construção, deve-se fazer duas perguntas a cada processo:

- "O objetivo (meta) proposto é uma condição crítica?"; se sim, o PRT deve apresentar o mapeamento que possibilite alcançar o objetivo (a meta); e
- "Já sabemos como conseguir?"; se não, o mapeamento do PRT deve ajudar a encontrar os elementos críticos (obstáculos) para solucioná-los.
5. **TT** (*Transition Tree* – árvore de transição) – O propósito é descrever as ações necessárias para apresentar a solução, utilizando o método causa/efeito e construindo os detalhes do plano de ação para analisar as transições (daí "árvore de transição") que proporcionem mudanças a serem implementadas passo-a-passo na linha de produção.

As cinco árvores podem ser utilizadas individualmente ou em conjunto, dependendo da complexidade do sistema produtivo a ser mapeado. Contudo, o particionamento lógico dos ramos de cada uma deve se basear no método causa/efeito para implementar mudanças que solucionem problemas.

Capítulo 3

Questões para revisão

1. Os subprocessos são: tempos e fluxos de informação/atividades; tempo de espera; movimentação (às vezes retrabalho); e despacho para o processo seguinte.
2. e
3. e
4. As nove características são:
    - ser **precisa**, ou seja, não conter erros;
    - ser **completa**, de forma que contenha todos os fatos (números) importantes (e possíveis);
    - ser **econômica**, de modo que se tenha a relação positiva de sua produção, dado por: valor-da-informação / custo-da-informação;
    - ser **flexível**, podendo ser usada para diversas finalidades;
    - ser **confiável**, embora a confiabilidade dependa da fonte de informação;
    - ser importante no determinado momento, caracterizando sua **relevância**;

- ser **simples**, pois a informação com excesso causa sobrecarga de informação;
- ser **disponibilizada** ou enviada (recuperada, gravada) quando necessário, caracterizando sua temporalidade; e
- ser **verificável**, permitindo que seja checada em várias etapas/fontes da mesma informação.

5. d

Questões para reflexão

1. Dentre os requisitos agregadores de valor à cadeia de valor, podem-se citar:
   - coordenação e colaboração de cada envolvido nos processos da cadeia de valor, a fim de contemplar aquilo que é valor ao cliente;
   - estilo de liderança, com comprometimento ao apoio, à promoção, à implementação de boas práticas de trabalho;
   - recursos humanos (funcionários) com disposição a aprender e a se desenvolver; com foco nas funções transversais aos processos; com capacidade e flexibilidade em atendimento às ações e críticas;
   - cultura organizacional e atitudes facilitadoras do compartilhamento de práticas, informações e conhecimento – com atitudes e competências capazes de identificar erros a fim de melhorar processos – e da disseminação do respeito e atenção às normas e regras organizacionais; passíveis de obterem a confiança de clientes internos e externos mediante diálogos construtivos;
   - uso intenso de TI para agilizar processos que estruturam a cadeia de valor ao cliente, seja com uso computacional de software, seja com habilidade de inteligência de negócios, seja com interconexões empresariais;
   - processos organizacionais rotineiramente revisados de modo que, continuamente, melhorem a capacidade de agregar valor ao cliente de forma mais econômica e rápida.

2. O desenho da figura deve ser tal como apresentado a seguir:

Diagrama com círculos: Cadeia de valor (centro), circundada por: Coordenação e colaboração, Recursos humanos (funcionários), Cultura organizacional e atitudes, Estilo e liderança, Processos organizacionais, Uso de tecnologia da informação.

3. Nessa relação, a expectativa é formada no cliente antes ou durante a execução do processo, que geralmente no início é alta e, caso tenda a permanecer assim durante as atividades do processo, caracteriza o cliente como sendo exigente, que sabe determinar o valor de sua expectativa, daquilo que espera que o processo entregue a ele no final da execução; ao passo que a percepção é determinada e apresentada pelo cliente, exatamente na etapa de entrega (finalização) de todas as atividades do processo, no final do seu ciclo, quando irá determinar o real "valor" daquilo que lhe foi entregue, mediante comparação entre o prometido/acordado anteriormente. Essa relação de valor entre expectativa dos clientes e a entrega do produto (bem ou serviço) pela organização dá-se por meio da troca de informações, relacionadas a um objeto (ou objetivo) comum, e englobam valor, custo e função do produto (bem ou serviço), de forma que Fernandes (1991, p. 165-166) as apresenta como:
  - "Informação é todo o esclarecimento que se possa dar a qualquer pessoa sobre o que ela indaga. O conhecimento em qualquer forma através da qual possa ser transferido;
  - A informação é vista como um produto/serviço ou até mesmo um recurso, porém único, de natureza específica e características muito próprias;

- A informação é multiplicável – quanto mais for utilizada, mais útil se torna; o limite básico é a idade biológica das pessoas e grupos;
- A informação é substituível, ela pode substituir outros recursos como dinheiro, pessoas, matéria-prima etc.
- A informação é difusiva – ela tende a se tornar pública, mesmo que nossos esforços sejam em contrário.
- A informação é compartilhável – bens podem ser trocados, mas, na troca da informação, o vendedor continua possuindo o que ele vendeu".

4. Os fatores são:
   - A base de experiências do cliente influi no que ele aceita;
   - O que a concorrência faz influi nas expectativas do cliente; e
   - O nível de valor desejado é afetado pela tecnologia.
5. O valor positivo do processo é detectado quando os benefícios superam os recursos utilizados, cuja estrutura organizacional deve garantir que o mínimo de recursos à informação esteja disponível e acessível para os clientes; pode-se então afirmar que: "um conjunto de ações (atividades) pode agregar ou diminuir valor em serviços e produtos!"

Capítulo 4

Questões para revisão

1.
   - Perda por superprodução: Produzir excessivamente ou cedo demais.
   - Perda por espera: Longos períodos de ociosidade de pessoas, peças e informações.
   - Perda por transporte: Movimento excessivo de pessoas, peças e informações.
   - Perda no próprio processamento: Utilização inadequada de máquinas e sistemas.
2. **Atividade** – Um objeto denominado *atividade*, também conhecido como *task* (do inglês) é uma atividade atômica que é interna ao processo (que descreve o processo); portanto, uma *task* é utilizada em um fluxograma quando o trabalho no processo não é dividido. Geralmente um usuário final e/ou uma aplicação é utilizada para executar essa tarefa.

   Subprocesso – O objeto subprocesso é uma atividade que contém outras atividades (*tasks*), em que esse objeto interno é dependente do externo e mapeado como uma atividade interna que apresenta suas variáveis visíveis pelas atividades externas a ela (conhecidas como *variáveis de acesso global*). Nesse tipo de objeto, nenhum mapeamento de dados é requerido, uma vez que tem ligação direta entre o objeto externo e o(s) objeto(s) interno(s).

3. c
4. b
5. b

Questões para reflexão

1. Alguns tipos de perda que pode haver na resposta são:
   - Perda por superprodução;
   - Perda por espera;
   - Perda por transporte;
   - Perda no próprio processamento;
   - Perda por estoque;
   - Perda por movimentação;
   - Perda por fabricação de produtos defeituosos.

2.

Tipo de perda	Exemplo
Perda por estoque	Armazenamento excessivo e falta de informação
Perda por movimentação	Desorganização do ambiente de trabalho
Perda por fabricação de produtos defeituosos	Problemas de qualidade do produto

3. O Bizagi Process Modeler é um *software* de modelagem de processos, que permite a diagramação dos processos apoiando empresas e pessoas na modelagem de seus projetos, documentando-os por meio de diagramas de processo BPMN, permitindo exportar os processos documentados em Microsoft Word®, PDF, como páginas da Web, ou outras plataformas, como Visio, XPDL ou simplesmente como imagem.

4. **Decisões** – Representado por um losango, é o objeto que simboliza um *gateway* (decisão) de onde a sequência do fluxo do processo assume um caminho a partir de duas ou mais alternativas.

5. **Fluxo** – É o objeto que define a direção (por meio de uma seta) do fluxo do processo.

   Evento inicial – Um evento inicial indica onde um processo em particular deve iniciar. Em termos de sequência do fluxo, o evento inicial inicia o fluxo e, uma vez iniciado, não pode mais receber nenhum outro evento, tampouco estar conectado a outro evento, tornando-o único.

Evento intermediário – um evento intermediário indica aonde algo acontece (um evento), situando-se entre o evento inicial e final, que irá afetar a sequência do fluxo, mas não o iniciará ou o finalizará.

Evento final – o objeto "evento final" simboliza onde o processo termina. Em termos de fluxo do processo, simboliza o fim de todos os fluxos, significando que nenhum outro fluxo pode ter uma conexão a partir dele.

sobre os autores

Egon Walter Wildauer

É doutor em Engenharia Florestal/Manejo Florestal – Sistemas Computacionais de Produção (Universidade Federal do Paraná – UFPR e Albert Ludwig Freiburg Universität; 2007), mestre em Engenharia de Produção e Qualidade (Universidade Federal de Santa Catarina – UFSC; 2002), especialista em Ciência da Computação (Pontifícia Universidade Católica do Paraná – PUCPR; 1995), com aperfeiçoamento em Pedagogia (PUCPR; 1995), e graduado em Informática (UFPR; 1992). Desde 2005 coordena a linha de pesquisa 2 do curso de Mestrado em Ciência e Gestão da Informação-PPCGTI-UFPR da UFPR. Nessa universidade também é docente das disciplinas Estatística e Análise de Dados (Mestrado em Ciência, Gestão e Tecnologia da Informação), Análise de Sistemas Orientado a Objetos (Especialização em Desenvolvimento de Softwares em Mercados Internacionais), Sistemas de Informações (Especialização em Ciências Contábeis) e BSC e Indicadores (Especialização em Gestão Pública, MBA em Inteligência de Negócios, MBA em Sistemas Logísticos). Tem experiência na área de ciência da computação, com ênfase em sistemas de informação, atuando principalmente nos seguintes temas: análise e projeto de sistemas de informação, banco de dados, gerenciamento eletrônico de documentos, fluxo da informação e gestão da informação. Tem atuação também na área de administração nos temas gerenciamento de processos, gestão da qualidade e indicadores, gestão de pessoas e fluxos informacionais.

De 1991 a 1998, foi oficial do Exército Brasileiro, atuando como programador e analista de sistemas no C Infor/5 (Centro de Informática da 5ª Região Militar), desenvolvendo e implantando diversos sistemas de controle militar. De 1999 a 2000, foi gerente de *bureau* na empresa Schlumberger Inc., tendo atuado no mapeamento de processo, implementação de indicadores estratégicos e controle da produção. De 1997 a 2004, foi docente e coordenador do curso de ciência da computação e bacharelado em sistemas de informação, além de diretor de *campi* de centro universitário. Além de publicar artigos em livros e periódicos destinados a área acadêmico-científica, é autor dos livros *Plano de negócios: elementos constitutivos e processo de elaboração* (2012), já em 2.ª edição; *Informática aplicada* (2013); *Atualização de conteúdos de livros eletrônicos no Brasil* (2013); e coautor do livro digital *Estatística aplicada* (2014).

Laila Del Bem Seleme Wildauer

Mestre em Administração (UFPR; 2010) na linha de pesquisa de estratégia e organizações, especialista em Gestão Financeira (Universidade Tecnológica Federal do Paraná – UTFPR; 2007) e graduada em Administração de Serviços (Universidade de Mogi das Cruzes – UMC; 2002). Atuou como professora na UTFPR e na Universidade Positivo (UP), especialmente nas seguintes disciplinas: Gestão Estratégica, Gestão Financeira, Empreendedorismo, Gestão da Inovação e Gestão de Pessoas.

Atualmente analista sênior da Federação das Indústrias do Estado do Paraná, na qual trabalha nas áreas de planejamento estratégico, prospecção estratégica, planejamento setorial e territorial. É autora dos livros *Finanças sem complicação* (2012) e *Finanças para secretariado executivo* (2009), além de diversas publicações referentes ao planejamento estratégico de longo prazo de territórios e aos setores produtivos.

Os papéis utilizados neste livro, certificados por
instituições ambientais competentes, são recicláveis,
provenientes de fontes renováveis e, portanto, um meio
responsável e natural de informação e conhecimento.

FSC
www.fsc.org
MISTO
Papel | Apoiando
o manejo florestal
responsável
FSC® C103535

Impressão: Reproset